UAV

低空服务保障

安全体系建设与应急实战

徐 刚 李建军 王云阁 编著

化学工业出版社

·北京·

内容简介

《低空服务保障：安全体系建设与应急实战》以“安全”为核心主线，以“实战”为导向目标，系统梳理低空服务保障领域的关键环节与核心内容。全书共分八章，涵盖低空经济服务保障体系概述、空域管理、气象服务、飞行安全监管、设施设备保障、应急救援体系、人员管理规范及信息化建设路径，构建起逻辑严密、层层递进的知识体系，为从业者提供兼具理论性与实操性的专业参考。

本书广泛参考国内外政策法规与行业标准，既注重理论体系的完整性与规范性，又突出实践应用，结合典型场景提供可落地的流程与方法。内容兼顾专业深度与实用价值，力求实现理论与实战的有机统一。

本书面向低空经济企业的运营管理者与一线作业人员、政府监管部门工作人员，以及高校相关专业的师生。本书是理解和参与低空服务保障体系建设的重要指南，无论是从事管理、操作还是研究工作，读者均可从中获取契合自身需求的内容。

图书在版编目（CIP）数据

低空服务保障 ：安全体系建设与应急实战 / 徐刚，李建军，王云阁编著. -- 北京 ：化学工业出版社，2026. 2. -- ISBN 978-7-122-49763-5

Ⅰ. F560.9

中国国家版本馆 CIP 数据核字第 2026JV3918 号

责任编辑：陈　蕾
责任校对：李雨晴
装帧设计：溢思视觉设计 E-mail: isstudio@126.com / 程超

出版发行：化学工业出版社（北京市东城区青年湖南街 13 号　邮政编码 100011）
印　　装：三河市双峰印刷装订有限公司
710mm×1000mm　1/16　印张 $11^1/_2$　字数 181 千字　2026 年 4 月北京第 1 版第 1 次印刷

购书咨询：010-64518888　　售后服务：010-64518899
网　　址：http://www.cip.com.cn
凡购买本书，如有缺损质量问题，本社销售中心负责调换。

定　　价：68.00 元

前言

当城市天际线不断向上生长，当传统空域边界逐渐触及瓶颈，一个全新的领域正以蓬勃之势展现在世人眼前——低空经济。无人机物流、低空旅游、电力巡检等新业态持续涌现，低空空间已成为推动经济增长、优化民生服务的重要载体。

然而，低空活动的复杂性与多样性，对服务保障体系提出了更高的要求。从空域资源的科学调配到气象风险的精准应对，从飞行安全的全程监管到应急救援的高效响应，每个环节都直接关系到低空经济的可持续发展与人民群众的生命财产安全。因此，构建一套系统、完善、可落地的低空服务保障体系，成为当前低空经济发展的核心任务之一。

本书以“安全”为主线，以“实战”为导向，全面梳理低空服务保障体系的关键环节与核心内容，旨在为行业从业者、监管人员、研究学者提供兼具理论性与实操性的参考指南。

全书共分为8章，具体包括低空经济服务保障体系概述、低空空域管理与使用规范、低空气象服务保障机制、低空飞行安全监管体系、低空经济设施设备安全保障、低空应急救援服务体系、低空服务保障人员管理规范、低空服务保障信息化建设路径。各章节逻辑紧密、层层递进，共同构成完整的低空服务保障知识体系。

本书既注重理论体系的完整性，参考国内外低空经济领域的政策法规与行业标准，确保内容的专业性与规范性；又强调实践导向，结合低空经济典型场景的实际需求，提供可落地、可操作的流程与方法。无论是低空经济企业的运营管理者、一线作业人员，还是政府监管部门的工作人员，抑或是高校相关专业的师生，都能从书中找到契合自身需求的内容。

低空经济的发展是一个持续演进的过程，低空服务保障体系也需要在实践中不断优化完善。本书是对现阶段低空服务保障的总结与梳理，希望能为推动我国低空经济安全、有序、高质量发展贡献一份力量。同时，也期待读者在阅读本书时提出宝贵意见，让我们共同推动低空服务保障知识体系的完善与实践能力的不断提升。

编著者

目录

第 1 章　低空经济服务保障体系概述 001

1.1　服务保障定位：在低空经济中的角色与意义 002

1.1.1　安全运行维度：核心支撑作用 002

1.1.2　效率提升维度：关键引擎功能 003

1.1.3　产业生态维度：纽带连接作用 004

1.1.4　可持续发展维度：基础保障功能 005

1.2　服务保障体系架构：构成要素与协同机制 005

1.2.1　体系组成：服务保障体系的构成要素 006

1.2.2　运行逻辑：服务保障体系的协同机制 011

第 2 章　低空空域管理与使用规范 015

2.1　空域划分基础：分类规则 016

2.1.1　管制空域：适用于高风险、高安全要求的低空活动 017

2.1.2　监视空域：适用于中等风险的低空活动 017

2.1.3　报告空域：适用于低风险的低空活动 018

2.1.4　自主空域：适用于封闭场景内的低空活动 019

2.2 空域使用规范：申请与审批流程 020

2.2.1 管制空域使用：申请与审批（三级审批制） 020
2.2.2 监视空域使用：申请与审批（两级备案制） 022
2.2.3 报告空域使用："即报即飞"模式 023
2.2.4 自主空域使用：内部制定使用规则 023

2.3 临时空域管理：使用与管理要点 023

2.3.1 管理前期：申请与划定（分场景响应机制） 023
2.3.2 管理中期：使用过程动态管控 025
2.3.3 管理后期：收尾与评估 026

第 3 章 低空气象服务保障机制 029

3.1 低空气象基础：特点与变化规律 030

3.1.1 特征一：范围小且变化剧烈 031
3.1.2 特征二：地表作用主导的气象效应 032
3.1.3 特征三：特殊天气现象多发 032

3.2 气象数据获取：观测设备与数据体系 034

3.2.1 地面观测设备：近地气象要素的精细化捕捉 034
3.2.2 高空观测设备：垂直气象廓线的立体探测 037
3.2.3 遥感观测设备：大范围气象场的宏观监测 039

3.3 气象信息应用：分析方法与评估体系 040

3.3.1 信息处理：多维度分析方法 041

3.3.2 影响评估：飞行影响评估的量化指标 …… 042

3.4 气象风险应对：预警机制与应对措施 …… 044

3.4.1 预警机制：气象预警信息发布流程 …… 044
3.4.2 应对措施：不同预警级别的应对 …… 045
3.4.3 能力保障：应急演练与培训 …… 046

第 4 章 低空飞行安全监管体系 …… 051

4.1 监管基础框架：安全监管法规与标准体系 …… 052

4.1.1 法规类别：法规体系的层级划分 …… 053
4.1.2 标准构成：标准体系的具体内容 …… 054

4.2 安全管控手段：飞行安全检查 …… 056

4.2.1 检查实施：规范操作流程 …… 056
4.2.2 检查重点：明确检查要点 …… 059

4.3 风险防控环节：安全风险监测与评估 …… 061

4.3.1 风险监测：安全风险监测手段 …… 062
4.3.2 风险分析：风险评估方法 …… 063

4.4 违规处理机制：违规行为查处与整改 …… 065

4.4.1 违规界定：违规行为类型 …… 065
4.4.2 处理流程：违规行为查处 …… 067
4.4.3 问题解决：违规行为整改 …… 068

第 5 章　低空经济设施设备安全保障 …… 071

5.1　地面设施定位：低空活动的“安全基石” …… 072

5.1.1　基础场地：起降场地及配套设施 …… 072
5.1.2　通信导航：通信与导航系统 …… 074
5.1.3　监测设备：气象监测设备 …… 076

5.2　空中设施定位：航空器的“安全核心” …… 080

5.2.1　设计标准：航空器本体安全设计要求 …… 081
5.2.2　维护管理：全生命周期维护与检修 …… 082
5.2.3　安全装备：机载安全设备与应急装置 …… 086
5.2.4　场景适配：特殊场景适应性提升 …… 088

5.3　保障体系构建：设施设备安全保障体系 …… 088

5.3.1　管理基础：标准化管理 …… 089
5.3.2　技术支撑：智能化监测 …… 090
5.3.3　能力提升：应急演练与持续改进 …… 093

第 6 章　低空应急救援服务体系 …… 101

6.1　体系架构：低空经济应急救援体系构建 …… 102

6.1.1　构建要求：体系构建的核心原则 …… 102
6.1.2　职责分配：多主体协同的职责分工 …… 103
6.1.3　体系范围：覆盖多领域的体系架构 …… 104
6.1.4　落地路径：体系落地实施的步骤 …… 105

6.2 预案管理：应急救援预案制定与演练 …… 107

6.2.1 预案内容：预案包含的核心要素 …… 107

6.2.2 场景适配：分场景预案设计要点 …… 108

6.2.3 全流程管控：预案实施的全流程管理 …… 111

6.3 应急处置：常见突发事件应急处置流程 …… 113

6.3.1 场景一：物流配送中无人机故障 …… 113

6.3.2 场景二：低空旅游飞行器迫降 …… 114

6.3.3 场景三：空中碰撞（含无人机与有人机）…… 115

6.3.4 场景四：恶劣天气引发低空险情 …… 116

6.3.5 场景五：低空作业人员突发意外 …… 117

6.3.6 场景六：恶意干扰与“黑飞” …… 118

6.3.7 注意事项：应急处置流程实施要点 …… 119

6.4 资源管理：救援设备与物资储备管理 …… 120

6.4.1 资源分类：设备与物资的分类及场景适配 …… 120

6.4.2 合理布局：储备地点的科学规划 …… 121

6.4.3 物资管理：全生命周期管理机制 …… 122

6.4.4 多方协同：调度与协同机制 …… 123

第 7 章 低空服务保障人员管理规范 …… 125

7.1 人员管理要点：核心挑战与应对思路 …… 126

7.1.1 挑战一：技术更新带来的能力断层 …… 126

7.1.2 挑战二：多场景协同时权责模糊 …… 128

7.1.3 挑战三：高压环境下的心理耗竭 …… 130

7.2 人员能力保障：资质认证与培训评估的进阶设计 …… 132

7.2.1 资质认证："双轨并行"体系 …… 132
7.2.2 培训评估："闭环验证"机制 …… 134

7.3 人员激励机制：绩效与激励的精细化管理 …… 136

7.3.1 绩效考核："安全权重动态调整"机制 …… 137
7.3.2 激励体系："三维驱动"体系 …… 138

7.4 团队高效协作：有针对性的场景化演练 …… 141

7.4.1 跨部门协作："沉浸式沙盘"演练 …… 141
7.4.2 一线团队建设："结对成长计划"实施 …… 143

第 8 章 低空服务保障信息化建设路径 …… 147

8.1 信息化场景：技术在服务保障中的应用 …… 148

8.1.1 日常运营场景：驱动全流程优化 …… 148
8.1.2 设备与人员管理场景：构建精准化管理体系 …… 151
8.1.3 应急处置场景：快速响应与能力提升 …… 152

8.2 信息化体系：低空服务保障信息化建设 …… 154

8.2.1 建设要点：信息化建设的核心目标 …… 155
8.2.2 模块设置：关键模块与功能设计 …… 155
8.2.3 阶段推进：实施路径与落地方法 …… 159

8.3 数据安全保障：数据安全与隐私保护措施 …… 160

8.3.1 数据安全：技术防护手段 …… 161

8.3.2 隐私保护：核心应对措施 …… 164

8.3.3 应急备份：应急响应与容灾备份机制 …… 166

参考文献 …… 171

第1章 低空经济服务保障体系概述

学习目标

1. 明白服务保障在低空经济中的角色与意义。
2. 掌握服务保障体系的构成要素及各要素之间的协同机制。

低空经济作为一种新兴的经济形态，展现出了巨大的发展潜力。然而，低空经济健康、有序的发展离不开服务保障体系的支持。从飞行器的安全运行到整个产业的高效运转，从产业链各环节的紧密联结到行业的可持续发展，服务保障都扮演着至关重要的角色。本章将深入探讨低空经济服务保障体系，剖析服务保障在低空经济中的角色与意义，解析其构成要素及各要素之间的协同机制，为读者深入理解低空经济的内涵奠定基础。

1.1 服务保障定位：在低空经济中的角色与意义

低空经济是依托低空空域开展各类经济活动的新兴产业，其活动范围主要集中在地面以上 1000 米（部分地区根据实际需要可扩展至 3000 米）的范围。该产业涵盖无人机物流、通用航空、低空旅游、应急救援等众多领域，具有广阔的发展前景和巨大的经济潜力。服务保障体系作为低空经济发展的重要支撑，如同该产业的“骨架”与“血脉”，扮演着多元的角色，具有重要意义，具体体现在以下几个方面。

1.1.1 安全运行维度：核心支撑作用

在低空经济活动中，航空器起降、航线规划、空域管理等每一个环节都潜藏着诸多风险。例如，不同类型的航空器在同一空域活动可能发生碰撞事故；复杂的气象条件，如突发的强风、浓雾等，可能导致航空器失控；通信设备信号不稳定则可能造成航空器失联。服务保障体系通过一系列的专业服务，为低空活动的安全运行保驾护航。

以浙江公安部门为例，他们紧紧围绕现代警务新体系建设，建立健全无人机基础管理、防御反制、警务应用、政务服务工作体系，逐步形成“天地一张网、治理一盘棋”的格局，为低空经济发展筑牢安全屏障。在实际操作中，浙江公安部门全面推进警用无人机的各项工作，不断拓展侦查打击、应急救援等常态化应用场景。在宁波，“飞天巡警”在空中巡查时，与地面警力相互配合，搭建起“空中 + 地面”的全方位、多维度防控体系，确保大型活动安全有序进行，有效避免了人员密集、航空器频繁活动带来的安全隐患。

同时，气象预警服务在低空活动中也发挥着关键作用。例如，某景区管理部门通过气象预警服务得知即将有强对流天气来袭，因此暂停了当天的低空观光项目，避免了恶劣天气下飞行的风险，保障了人员生命和财产安全。

1.1.2　效率提升维度：关键引擎功能

低空经济的高效运转离不开空域资源的科学分配和作业流程的合理规划。在服务保障体系不完善的情况下，很容易出现空域资源浪费、各环节衔接不畅等问题，严重影响低空经济的运行效率。通过数字化调度平台，能够实时掌握各类航空器的运行状态，对空域资源进行合理分配，避免空域拥堵等情况。同时，标准化的服务流程，如无人机起降场的规范管理、高效的电池换电服务等，减少了操作过程中的冗余环节，提高了低空作业的周转率。

例如，在广州开发区，全国综合保税区首个低空运输智能通关场景得以实现。架起这条空中通关航线，得益于海关、地方政府和企业共同打造的低空物流智能监管平台。与传统陆路运输方式相比，低空运输节省了 50% 的时间，综合成本下降约 10%。穗东海关查验科科长表示：“平台与海关系统高度对接，有效保障了监管效率与数据安全。”通过数字化调度，合理规划无人机的飞行路线和时间，可避免空域资源的浪费，极大提升了物流运输效率。

此外，在物流无人机运营方面，一些企业建立了标准化的电池换电服务体系，可在无人机完成配送任务后，快速进行电池更换、检修等工作，大大提高了配送效率。

例如，某物流企业在配送中心周边设立了多个电池换电站，无人机返回后可在短时间内完成电池更换。这样大大缩短了无人机的停歇时间，显著提升了物流配送效率，充分体现了服务保障体系对低空经济的推动作用。

1.1.3 产业生态维度：纽带连接作用

低空经济的发展涉及众多主体，包括政府监管部门（如空管局、民航局等）、运营企业（如物流企业、文旅公司等）以及技术服务商（如无人机研发企业、通信企业等）。这些主体之间如果缺乏有效的沟通与协作，将难以形成合力，会阻碍低空经济的健康发展。因此应建立协同机制，如信息共享平台，使各主体及时获取相关信息，实现信息的高效流通。同时，制定合理的利益分配规则，保障各方的合法权益，有效打通各主体间的壁垒，促进各方在监管、运营、服务等方面紧密合作，形成“监管－运营－服务”的闭环生态。

例如，珠海市国资委充分发挥国有资本的引领作用，组建了珠海市低空产业投资运营有限公司（以下简称“低空投公司”）。2024 年 6 月，珠海市成立“推动低空经济高质量发展”的工作专班，珠海市国资委作为牵头单位，担负起建立工作机制、具体统筹落实低空经济高质量发展的重任。同时，珠海市低空服务运营指挥中心挂牌成立，联合珠海通航飞行服务站，共同构建低空管理服务平台，实现对全市低空飞行信息的规范管理。通过这一系列举措，有效整合了政府、企业、技术服务商等各方资源，促进了各主体之间的沟通与协作，推动了珠海低空经济产业生态的发展。

一些地区开展低空旅游项目时，通常由政府部门进行审批和监管，确保飞行安全合规；文旅公司负责运营旅游项目、吸引游客；无人机研发企业为旅游项目提供设备和技术支持；通信企业确保空中与地面通信顺畅。各方通过信息共享平台，及时沟通与协作，合理分配利益，共同推动了低空旅游产业的繁荣发展，充分展示了服务保障体系在产业生态构建中的纽带作用。

1.1.4　可持续发展维度：基础保障功能

低空经济的稳定发展需要在安全、效率与社会影响之间找到平衡。如果忽视社会影响，如低空活动产生的噪声污染、可能带来的隐私保护问题等，将引发公众的不满和抵制，不利于产业可持续发展。服务保障体系通过引入环保标准，如对低噪声航空器的准入要求，减少低空经济对环境的影响。

此外，建立沟通机制，如低空活动公示平台，让公众了解低空活动的相关信息，可增强公众对低空经济的理解度和接受度。通过这些服务保障措施，可降低低空产业对社会环境的负面影响，推动低空经济与城市发展、民生需求相适配，为低空经济可持续发展奠定坚实的基础。

例如，绍兴越城区发展低空经济时，十分重视对社会的影响。在布局基础设施时，充分考虑了噪声问题，将起降场设置在远离居民区的区域，并选用低噪声的航空器。

同时，建成了全国首个区县级低空融合运行管理平台，不仅可以实时显示气象、起降场、低空航线、运行统计等信息，还具备沟通功能。通过该平台，公众可以了解低空经济活动的具体情况，加强了对低空经济的认知和理解。

此外，还打造了低空安全管理服务平台，可及时处理无人机飞行过程中的违法违规行为，保障了公众的安全。

通过这些措施，越城区在发展低空经济的同时，有效降低了对社会环境的负面影响，为低空经济的可持续发展创造了良好条件。

1.2　服务保障体系架构：构成要素与协同机制

低空经济服务保障体系是一个多维度、多层次的系统，其构成要素丰富多样，各要素之间通过明确的协同机制实现功能整合，共同为低空经济的发展提供保障。

1.2.1 体系组成：服务保障体系的构成要素

低空经济服务保障体系的构成要素分为硬件设施、软件服务、制度保障三大类，每一类要素都在体系中发挥着不可或缺的作用。

1.2.1.1 硬件设施

硬件设施是服务保障体系的基础，为低空经济活动提供了必要的物理支撑，主要包括以下几个方面。

（1）空域与起降设施

空域与起降设施为低空经济活动开展提供了空间基础，其作用如图 1-1 所示。

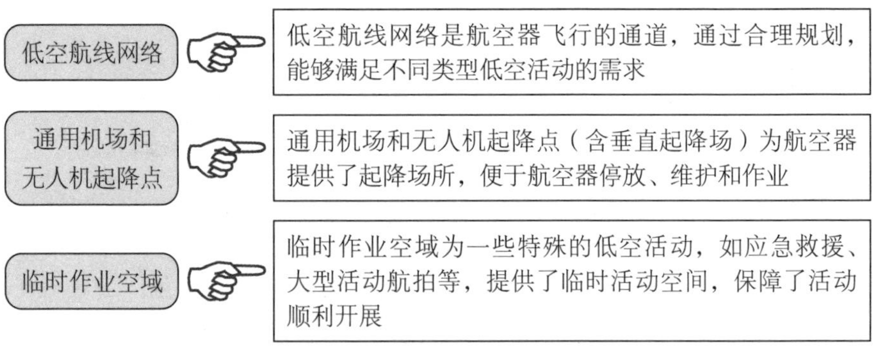

图 1-1 空域与起降设施的作用

例如，湖南作为首个全域低空空域管理改革的试点，在当地分类划设了空域、航线及地面监视站。通过科学规划低空航线网络，为通用航空、无人机物流等不同类型的低空经济活动提供了清晰的飞行路径。在一些偏远山区，为了保障物资运输的高效性，专门规划了无人机物流低空航线，确保无人机能够避开复杂地形和人口密集区域，安全、快速地完成运输任务。同时，还建立了多个通用机场和无人机起降点，为航空器的起降和停放提供了便利条件。在应急救援行动中，临时作业空域的划设，使救援直升机和无人机能够迅速抵达受灾区域，为救援工作争取了宝贵时间。

（2）通信与导航设施

通信与导航设施是确保航空器安全、准确飞行的关键，其作用如图 1-2 所示。

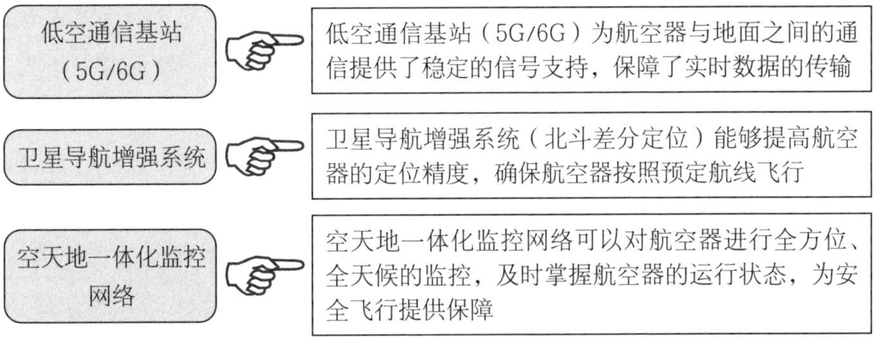

图 1-2　通信与导航设施的作用

例如，深圳率先发布了低空起降设施建设方案，并建立了智能融合低空系统，旨在加速建设低空系统。其中，通信与导航设施的建设发挥了重要作用。通过部署 5G-A 通感试验网，构建了无人机“看得见、管得住、调得动”的数字化底座。在无人机物流配送过程中，低空通信基站保障了无人机与配送中心之间的实时通信，能够及时传递货物信息、飞行状态等数据。卫星导航增强系统使得无人机能够精准定位配送地址，按照最优航线飞行，避免了因定位不准确而导致的配送延误或偏差。空天地一体化监控网络则对无人机的整个飞行过程进行监控，一旦发现异常情况，及时采取措施，保障了无人机物流配送安全、高效的运行。

（3）配套服务设施

配套服务设施是保障低空经济活动持续进行的重要支撑，其作用如图 1-3 所示。

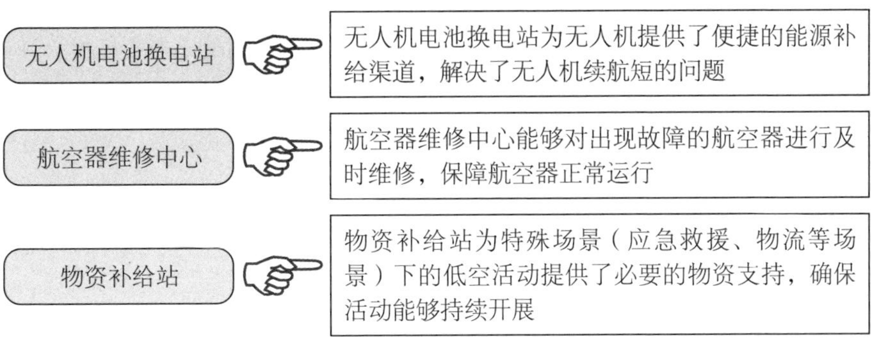

图 1-3　配套服务设施的作用

例如，在电力巡检工作中，无人机发挥着重要作用。为了解决无人机续航问题，南网通航公司在巡检区域附近合理布局了无人机电池换电站。当无人机电量不足时，可以快速在换电站更换满电电池，继续执行巡检任务，大大提高了巡检效率。同时，南网通航公司还建立了专业的航空器维修中心，能够对出现故障的无人机进行及时维修，确保巡检工作顺利进行。此外，在应急救援场景中，物资补给站的作用也不容小觑。当发生自然灾害导致电力设施受损时，物资补给站能够为执行应急救援任务的航空器提供必要的物资，如维修工具、备用零件等，保障救援工作持续开展。

1.2.1.2 软件服务

软件服务是支撑硬件设施高效运转的技术与能力，是服务保障体系的“灵魂”，主要包括以下内容。

（1）数字化调度服务

数字化调度服务通过先进的技术手段，实现对低空经济活动的精准调度。低空交通管理平台能够实时监控航空器的位置信息，根据航空器的运行状态和空域情况，为航空器规划最优航线，避免飞行冲突；智能排班系统则可以根据作业任务的需求和航空器的可用状态，优化作业时序，提高作业效率。

例如，苏州完成了低空飞行服务与监管平台开发，实现了飞行活动一网式管理。该平台整合了低空交通管理、智能排班等多种数字化调度服务，在物流无人机配送业务中，可实时监控每架无人机的位置和飞行状态，发现某一区域空域拥堵时，能够及时为无人机规划新的航线，避免飞行冲突，确保无人机按时完成配送任务。智能排班系统则根据物流订单的需求和无人机的电量、维护情况，合理安排配送任务和作业时间，提高了无人机的使用效率和物流配送的整体效率。

（2）专业技术服务

专业技术服务为低空经济活动提供了技术支持，包括图 1-4 所示的项目。

例如，宁波相关部门大力拓展无人机在港口、海洋领域的应用场景，如海岸巡查、海事服务等。在这些应用场景中，专业技术服务发挥着关键作用。针对沿海地区复杂多变的气象条件，气象预报服务可提供精细化的气象预测，为

气象预报服务

气象预报服务为低空经济活动提供精细化的气象预测服务，为制定航空器的飞行计划提供依据

航空器检测服务

航空器检测服务对无人机等航空器的适航性进行评估，确保航空器符合安全飞行要求

数据安全服务

数据安全服务则对飞行过程中产生的数据进行加密与存储，确保数据的安全性和完整性

图1-4　专业技术服务的项目

制定无人机飞行计划提供准确依据。例如，在进行海岸巡查任务前，气象预报服务能够提前为无人机操作人员提供海上风力、风向、降雨等气象信息，操作人员可根据这些信息合理规划飞行路线和时间，确保无人机在安全的气象条件下完成巡查任务。航空器检测服务则定期对用于海岸巡查的无人机进行适航性评估，检查无人机的各项性能指标是否符合安全飞行要求，及时发现并排除潜在风险，确保无人机在复杂海洋环境下安全飞行。数据安全服务可对无人机在巡查过程中采集的数据进行加密与存储，防止数据泄露，保障了海洋信息的安全。

（3）应急保障服务

应急保障服务主要是应对低空经济活动中的突发情况，包括图1-5所示的内容。

紧急迫降引导

在航空器出现紧急情况时，能够引导航空器安全迫降，减少事故损失

故障救援

可以在无人机失联后，迅速定位无人机的位置，并进行救援

事故处理

在无人机发生碰撞等事故后，对事故损失进行评估和理赔，保障相关方的合法权益

图1-5　应急保障服务的内容

例如，在一次低空旅游活动中，一架载人直升机突发机械故障，无法正常飞行。应急保障服务中的紧急迫降引导系统迅速启动，与直升机飞行员保持实时沟通，为其提供附近安全的迫降地点信息，并引导飞行员安全迫降。同时，故障救援团队也立即行动，在直升机迫降后，迅速转移游客，并对直升机进行

检查和维修。

在另一起无人机物流配送服务中，无人机突然失联。故障救援团队通过先进的追踪技术，迅速定位到无人机的位置，并前往救援，确保了人员与货物的安全。

某次发生航空器碰撞事故后，事故处理团队及时介入，对事故损失进行评估和理赔，保障了航空公司、乘客以及相关企业的合法权益。

1.2.1.3 制度保障

制度保障为低空经济有序运转提供了制度支撑，主要包括以下几个方面。

（1）法律法规与标准

法律法规与标准是低空经济服务保障的行为准则。低空空域使用管理办法明确了低空空域的使用规则，规范了低空空域资源的管理；无人机操作资质认证标准对无人机操作人员的资质进行了明确，要求操作人员必须具备相应的资质与能力；服务质量评价体系则对服务保障质量的评估提供了依据，促进服务质量不断提升。

例如，珠海市下发了《珠海经济特区低空交通建设管理条例》，进一步保障了低空交通制度化和规范化管理，明确了低空空域的使用规则、航空器的飞行规范以及各方的权利和义务。同时，珠海市严格执行无人机操作资质认证标准，对无人机操作人员进行培训和考核，确保其具备相应的能力。通过建立服务质量评价体系，对低空经济相关企业的服务质量进行评估，促使企业不断完善服务保障体系，提高服务质量。

（2）跨部门协同机制

跨部门协同机制是解决多部门管理难题、提高服务保障能力的重要手段。政府（空管、公安、环保）与企业搭建的联合监管平台，实现了监管信息的共享与联动，提高了监管的有效性；空域申请“一站式”审批流程则缩短了空域使用审批时间，提高了审批效率，为低空经济活动顺利开展提供了支持。

例如，浙江省公安厅牵头成立了省低空公共安全保障组，明确了 15 家省直单位的职责与任务，积极探索构建全省低空经济安全网络。

全省 11 个地级市公安机关全部成立了无人机专业管理队伍，进一步细化了应用、服务等职能的“颗粒度”。通过政府（空管、公安、环保等部门）与企业建立的联合监管平台，实现了监管信息的实时共享与联动。

在无人机物流配送过程中，空管部门可以实时掌握无人机的飞行轨迹，公安部门可以对无人机的飞行过程进行监管，环保部门可以监测无人机飞行对环境的影响，各方通过联合监管平台协同工作，提高了监管的有效性。同时，浙江省还推出空域使用“一站式”审批流程。以往企业申请空域进行无人机物流配送，需向空管、公安等多个部门提交申请材料，审批流程烦琐且耗时较长。而实施“一站式”审批后，企业只需在统一的线上平台提交申请即可，平台会自动把相关信息分发至相关部门，由各部门在规定时间内在线上完成审批，大大缩短了审批时间，提高了审批效率。

（3）市场与激励机制

市场与激励机制能够促进社会资源向低空经济活动领域流动，逐步完善低空经济服务保障体系。服务定价规则（如起降场收费标准）明确了服务的价格标准，促进了市场的公平竞争；补贴政策（对新兴服务企业的扶持）则鼓励新兴服务企业不断发展，增加了低空经济服务保障的供给；保险制度（低空作业责任险）为低空作业活动提供了保障，降低了相关主体的风险损失。

1.2.2 运行逻辑：服务保障体系的协同机制

低空经济服务保障体系的各构成要素并非孤立存在的，它们通过协同机制实现功能整合，共同发挥作用。

1.2.2.1 信息共享机制

信息共享机制是实现各要素协同运作的基础。硬件设施（如监控网络）采集的飞行数据、软件服务（如调度平台）生成的规划信息以及规章制度要求的监管数据，都将汇聚到统一的数据中台，在不同主体之间实现共享。

例如，在上海低空经济管理体系中，空天地一体化监控网络（硬件设施）实时采集各类航空器的飞行位置、速度等数据；低空交通管理平台（软件服务）根据这些数据生成航线规划、空域占用等信息；同时，空管、公安等部门的监管数据也被纳入其中。这些数据汇聚到统一的数据中台，物流企业可以实时了解空域占用情况和气象信息，及时调整无人机的飞行计划；空管部门则可以根据物流企业的飞行计划和航空器的实时数据，更好地进行空域管理，确保低空飞行安全有序。信息共享打破了各要素之间的壁垒，实现了信息的高效流通和利用。

1.2.2.2　流程衔接机制

流程衔接机制明确了各环节的权责与接口，确保服务保障的各项工作有序开展。

以无人机物流企业的运营为例，配送流程的衔接如图 1-6 所示。

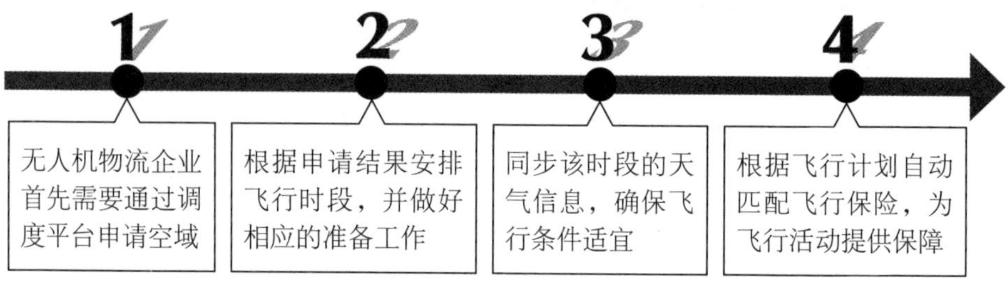

图 1-6　无人机配送流程的衔接

例如，某无人机物流企业计划在某天上午配送一批货物。该企业首先通过调度平台提交了空域使用申请。调度平台根据空管部门提供的空域资源数据，迅速完成审核并批准了申请。随后，起降场管理方根据审批结果，为该企业安排了上午 9 点至 11 点的起降时段，并提前对起降场地进行了检查和清理。气象部门通过软件服务平台，向该企业推送了当天的天气信息，确认天气状况良好，适合飞行。同时，保险系统根据无人机的飞行计划，自动为其匹配了相应的低空作业责任险。通过这样的流程衔接，形成了“申请－调度－执行－保障”全流程闭环，提高了服务保障的效率和质量。

1.2.2.3　动态调整机制

动态调整机制可根据实际情况对服务保障体系进行灵活调整，以适应市场的变化。

比如，在节假日期间，某城市的低空旅游活动异常火爆。服务保障体系通过实时监测的数据，自动触发了调整功能。在硬件设施方面，临时增加了该区域通信基站的覆盖面积，以满足大量航空器的通信需求；在软件服务方面，调度平台对该区域的航线进行了重新规划，将不同旅游企业的飞行路线进行分离，避免了空域拥堵的情况；在制度规则方面，临时放宽了该区域的空域使用权限，允许更多合规的航空器在规定范围内开展活动。通过这些动态调整措施，使服务保障体系能够快速响应市场变化，确保低空活动稳定运行。

综上所述，低空经济服务保障体系的各构成要素在协同机制的作用下，相互配合、相互支撑，共同为低空经济的安全、高效、可持续发展提供保障。随着低空经济的不断发展，服务保障体系也将不断完善和优化，以适应新需求和新挑战。

章后思考

1. 在低空经济中，安全运行的核心涉及多个环节，你认为哪个环节的服务保障最为关键？请结合实际案例进行分析说明。

2. 服务保障是提升效率的关键引擎，在低空物流领域，可以通过哪些具体的服务保障措施来提高物流配送效率？试举例阐述。

3. 产业生态的纽带作用使服务保障体系连接着低空经济产业链的各方。你觉得这种连接给新兴的低空经济企业带来了哪些机遇和挑战？

4. 从可持续发展的角度出发，服务保障体系在推动低空经济绿色发展方面有哪些创新性的举措？

5. 服务保障体系的构成要素众多，若某一要素缺失或不完善，会对整个低空经济产生怎样的影响？请选择一个要素进行详细分析。

6. 在应对突发的低空安全事件时，应如何快速启动服务保障体系的协同机制？请设计一个简单的协同方案。

第2章 低空空域管理与使用规范

学习目标

1. 了解空域的分类规则，掌握管制、监视、报告、自主四类空域的核心特征与区别。

2. 熟悉不同类型空域的申请与审批流程，明白管制空域三级审批制、监视空域两级备案制及报告空域、自主空域使用的要点。

3. 掌握临时空域使用与管理的要点，包括分场景申请划定、动态管控及收尾评估的核心内容。

空域是低空经济活动开展的基础载体，空域的科学管理与合理使用直接关系着低空经济的安全、高效与有序发展。不同类型的空域有着各自的划分规则，可满足多样化的低空活动需求；而完善的空域申请与审批流程，是空域资源合理分配的关键；临时空域的灵活管理，为应对突发情况或特殊场景的低空活动提供了重要支撑。本章将系统梳理空域分类规则，详解各类空域的申请与审批流程、临时空域使用与管理的要点，助力读者快速掌握空域管理与使用的核心知识。

2.1 空域划分基础：分类规则

空域分类基于风险等级、活动类型及管理需求，旨在实现“差异化管控、精准化服务”。

空域分类是实现科学管理、提高空域利用率的基础，不同类型的空域对应着不同的应用场景，空域分类需遵循安全性、效率性和适应性原则。

2.1.1　管制空域：适用于高风险、高安全要求的低空活动

管制空域是管理最为严格的空域类型，主要用于保障高风险、高安全性要求的低空活动，如载人通用航空器飞行、大型无人机物流集群运输等。

管制空域的核心特征、划分标准与管理规则如表 2-1 所示。

表 2-1　管制空域的核心特征、划分标准与管理规则

核心特征	全程受控、高安全冗余，适用于载人航空器（直升机、通用飞机）、1.5 吨以上大型无人机活动
划分标准	一是在枢纽机场、繁忙航线周边划定，确保与民航运输空域安全隔离，通常从地面向上延伸至 1000 米高度；二是覆盖城市核心区、人口密集区、重要军事设施及重大活动举办地等敏感区域，以便于安全管控 （1）地理边界：以枢纽机场跑道两端 15 千米的范围、城市建成区（人口密度≥ 1 万人 / 平方千米）、国家级重要设施（如核电站、军事基地）周边 5 千米为核心覆盖区 （2）高度边界：从地面向上延伸至 1000 米，部分特殊区域（如机场净空区）可延伸至 1500 米 （3）时间边界：全天候管控，无豁免时段
管理规则	（1）在管制空域内进行飞行活动，必须提前（通常提前 72 小时）向空管部门提交详细的飞行计划，包含航空器具体参数（最大起飞重量、续航时间）、航线经纬度坐标（精确至 10 米）、机组人员资质证明等 12 项核心材料，经批准后方可实施 （2）全程接受空管部门的指挥和监控，飞行时与空管部门保持实时语音通信，每 5 分钟报送一次位置信息，偏离计划航线 500 米以上时需立即修正

例如，在成都双流机场周边 15 千米的管制空域内，某医疗救援公司计划使用 AW139 直升机转运重症病人。因此，提前 3 天通过“西部空管协同平台”提交飞行计划，明确了市区医院起飞→天府大道上空 300 米→双流机场停机坪的航线。经民航西南空管局、成都市公安局联合批准后实施，全程由空管塔台引导，以避开民航客机起降航线。

2.1.2　监视空域：适用于中等风险的低空活动

监视空域的管理强度介于管制空域与报告空域之间，适用于中等风险的低

空活动，如中小型无人机城市配送、低空旅游观光等。

监视空域的核心特征、划分标准与管理规则如表 2-2 所示。

表 2-2　监视空域的核心特征、划分标准与管理规则

核心特征	动态监控、风险预警，适用于 25～1500 千克级无人机物流、低空旅游观光等活动
划分标准	要考虑活动的频次和影响范围，一般为城市郊区、产业园区、景区等区域，高度通常为 300～1000 米 （1）地理边界：城市近郊区（人口密度 0.1～1 万人 / 平方千米）、产业园区、4A 级及以上景区周边 3 千米的范围 （2）高度边界：地面以上 100～500 米，部分开阔区域可延伸至 800 米 （3）时间边界：昼间（日出后 30 分钟至日落前 30 分钟）开放，夜间需单独申请
管理规则	（1）在监视空域内开展飞行活动，需提前 24 小时向空管部门报备飞行计划，包括大致航线范围、预计飞行时段、无人机注册编码等信息，无须提交机组资质证明（操作人员持电子执照即可） （2）无须经过严格审批，但空管部门会通过低空监控系统对飞行活动进行动态监视，若发现飞行轨迹偏离报备计划或存在碰撞风险，会及时发出警示并引导调整

例如，在杭州西溪湿地监视空域内，某旅游公司计划使用 6 座轻型观光直升机开展环湖游览。每日 17:00 前需通过“浙江低空智管系统”报备次日 9:00～16:00 的飞行计划，注明起飞点为湿地游客中心停机坪、航线为沿福堤上空 200 米、单次飞行时长为 15 分钟。系统则通过电子围栏技术监控飞行轨迹，当某架直升机因风力偏离航线接近居民区时，平台会立即推送“左转向 30 度，保持高度 200 米”的避撞指令。

2.1.3　报告空域：适用于低风险的低空活动

报告空域主要适用于低风险的低空活动，如小型农用无人机植保、电力巡检无人机作业等。

报告空域的核心特征、划分标准与管理规则如表 2-3 所示。

表 2-3　报告空域的核心特征、划分标准与管理规则

核心特征	自主负责、事后追溯，适用于 25 千克以下小型无人机农业植保、电力巡检等活动
划分标准	侧重选择人口密度低、远离敏感区域的开阔地带，如农村地区、农田、山林等，高度一般不超过 300 米 （1）地理边界：农村地区（人口密度 <0.1 万人 / 平方千米）、农田、非自然保护区山林 （2）高度边界：地面以上 50～120 米，最高不超过 300 米 （3）时间边界：全年开放，每日飞行时段为日出后 1 小时至日落前 1 小时
管理规则	（1）在报告空域内开展飞行活动，无须提前申请或报备详细计划，但操作人员需在飞行前 1 小时通过指定平台向当地空域管理部门报告操作人员身份证号、无人机序列号、作业地块 GPS 范围等基础信息 （2）飞行过程中需遵守目视飞行规则，避开其他航空器和障碍物 （3）需安装电子围栏模块，禁止飞入周边 3 千米范围内的村庄、高压线路等敏感区域

例如，在山东济宁鱼台县农田报告空域内，农户使用大疆 T60 植保无人机作业，每日 5:30 通过“鲁南农业低空服务平台”填报作业地块（北纬 35°01′、东经 116°32′ 至北纬 35°03′、东经 116°35′）、预计作业时间 8:00～11:00 等内容。平台会自动生成电子围栏，当无人机因操作失误接近附近 10 千伏高压线路时，设备立即触发强制返航功能，同时向农户手机发送预警短信。

2.1.4　自主空域：适用于封闭场景内的低空活动

自主空域是管理最为宽松的空域类型，适用于封闭场景内的低空活动，如厂区内无人机物料转运、景区内固定路线观光飞行等。

自主空域的核心特征、划分标准与管理规则如表 2-4 所示。

表 2-4　自主空域的核心特征、划分标准与管理规则

核心特征	封闭管理、自主管控，适用于厂区内物料转运、景区固定路线游览等活动
划分标准	要求空域具备物理隔离条件，如围墙、围栏等封闭起来的区域，且活动范围和高度相对固定，风险可控 （1）地理边界：由围墙、围栏等物理屏障封闭的区域，面积通常不超过 5 平方千米 （2）高度边界：地面以上 10～50 米，具体由管理方根据场景设定 （3）时间边界：由管理方自主确定，需在入口处公示开放时段

续表

管理规则	（1）在自主空域内，飞行活动由区域管理方自主负责，无须向外部空管部门申请；但需在内部制定空域使用手册，明确飞行路线图、设备维护记录、应急处置流程等内容，并报属地民航监管局备案 （2）确保飞行活动在封闭区域内进行，不影响外部空域安全 （3）需安装独立的监控系统（帧率≥25帧/秒），能保存30天以上的飞行数据

例如，在广州南沙港国际物流园区自主空域内，某物流企业使用MV-22无人机在仓库间转运集装箱单据。园区管理方划定3条固定航线（宽5米、高20米），在围栏入口处公示“每日7:00～22:00开放飞行”。通过8台高清摄像头进行实时监控，无人机搭载的UWB定位模块可确保飞行偏差不超过0.5米。相关管理手册已在民航中南地区管理局备案。

2.2 空域使用规范：申请与审批流程

空域申请与审批流程是规范空域管理、保障飞行秩序的重要环节，需兼顾安全性与效率性。不同类型空域的申请与审批流程存在差异，但核心路径均为“提交申请－审核评估－批准执行－事后反馈”。

2.2.1 管制空域使用：申请与审批（三级审批制）

管制空域的申请流程最为严格，申请人需提前5～7个工作日通过空管部门指定的线上平台提交申请材料，包括详细的飞行计划（含起飞点、降落点、途经航线、高度层、飞行时间）、航空器适航证书、操作人员执照、安全保障方案（含应急处置预案）等。

空管部门收到申请后，会组织多个部门进行联合审核，如空域规划部门评估航线与其他飞行活动的冲突风险、安全监管部门审查安全保障措施的可行性、气象部门提供飞行时段的气象信息等。审核通过后，空管部门会下发空域使用批准书，明确飞行参数和限制条件；若审核未通过，会书面说明原因并给出修改建议。

管制空域申请与审批流程具体如表 2-5 所示。

表 2-5　管制空域申请与审批流程

阶段	时间	工作内容
申请阶段	提前 7 日至 5 日	（1）申请人通过“国家空域管理服务平台”填写管制空域使用申请表，上传航空器适航证（需包含年度检验记录）、操作人员 ICAO 英语等级证书（四级及以上）、第三方安全评估报告（由具备资质的机构出具）等 8 类材料 （2）系统自动校验材料完整性，若存在缺失项，将在 1 小时内通过短信提醒申请人补正
初审阶段	提前 4 日	（1）属地空管分局对材料进行形式审查，重点关注飞行计划与现有航班的时刻。若存在潜在冲突，提出 3 套以上调整方案供申请人选择 （2）审查通过后，系统生成初审意见书并推送给申请人及相关部门
联审阶段	提前 3 日至 2 日	（1）由空管部门牵头，组织公安（核查航线是否涉及敏感区域）、气象（提供精细化预报，包含每小时风速、能见度）、环保（评估噪声影响）等 5 个部门开展联合评审 （2）采取“一票否决制”，各部门提出否决意见需说明具体依据，申请人可申请复核一次
终审与执行	提前 1 日至飞行日	（1）民航地区管理局出具空域使用批准书，明确批准文号、飞行限制条件（如最低安全高度、禁飞时段）等内容 （2）飞行前 2 小时，申请人需向空管部门报送航空器晨检记录，确认符合飞行条件

例如，某通航公司申请在武汉长江大桥上空管制空域开展航拍，申请流程如下。

提前 7 日：提交大疆 Matrice 600 Pro 无人机参数、拍摄航线（沿桥体两侧 50 米）、操作人员执照等资料。

提前 4 日：武汉空管分局初审时发现航线与直升机巡逻路线冲突，建议调整拍摄时段为凌晨 3:00～5:00。

提前 3 日：联审时，武汉市公安局提出增派 2 名地面安保人员，以防无关人员靠近起降点。

提前 1 日：获得批准书，飞行当日凌晨 1:00 报送设备晨检记录，3:00～5:00 按批准航线完成拍摄。

2.2.2 监视空域使用：申请与审批（两级备案制）

监视空域的申请流程相对简单，申请人需提前24～48小时通过低空管理服务平台提交报备资料，包括飞行范围、大致航线、飞行高度、无人机型号、操作人员信息等，无须提供详细的安全保障方案。

空管部门或其授权的低空管理机构收到报备资料后，会在24小时内进行快速审核，确认飞行范围是否在监视空域内、是否与其他飞行活动冲突。审核通过后，通过平台向申请人反馈报备成功信息；若存在冲突，会建议申请人调整飞行时间或路线。

监视空域申请与审批流程具体如表2-6所示。

表2-6 监视空域申请与审批流程

阶段	时间	工作内容
报备阶段	提前2日至1日	申请人通过省级低空管理平台填写监视空域飞行报备表，上传无人机注册证书、操作人员视距内驾驶员执照等3类材料。无须提供安全评估报告
核验阶段	提前1日	（1）属地通航服务站对报备信息进行核验，重点检查飞行范围是否在划定的监视空域内、飞行计划是否与其他飞行活动冲突（冲突距离阈值为300米） （2）核验通过后，系统自动生成报备编号，通过短信发送至申请人手机
执行与反馈	飞行结束后24小时内	申请人需上传实际飞行轨迹（GPX格式）、电池使用记录等数据，以便于管理部门统计分析

例如，在苏州工业园区监视空域内，某生鲜平台使用极飞P100无人机配送货物，报备流程为：

提前2日：通过苏服办“低空服务”模块报备，明确从仓库（北纬31°18′）至小区自提点（北纬31°19′）的航线，预计每日14:00～18:00配送。

提前1日：园区通航服务站核验发现，该报备与另一公司的无人机巡检计划存在3处冲突点，因此系统自动调整了路线（绕行500米），申请人确认后获得报备编号。

飞行当日：完成配送后，上传实际轨迹，平台显示其与计划偏差均小于100米，符合要求。

2.2.3　报告空域使用:“即报即飞”模式

报告空域的使用无须审批，采取“即报即飞”模式。申请人只需在飞行前 1~2 小时通过简易平台提交报告信息，包括飞行区域、大致时间、操作人员联系方式等。管理部门不进行审核，仅记录备案。

飞行结束后无须反馈数据，但需保存设备飞行日志至少 1 个月。

2.2.4　自主空域使用：内部制定使用规则

自主空域的使用则完全由区域管理方自主管理，自行制定使用规则，无须向外部部门申请或报告，但需将内部管理规则报当地空域管理部门备案。

管理方每季度向属地民航监管局报送空域使用情况表，包含飞行架次、设备维护记录等内容。新增或调整飞行路线需提前 7 天报备，重大变更（如扩大空域范围）需重新进行安全评估。

2.3　临时空域管理：使用与管理要点

临时空域管理需平衡“应急效率”与“安全管控”，根据不同场景建立差异化的管理流程。

2.3.1　管理前期：申请与划定（分场景响应机制）

临时空域的申请通常由活动组织方或应急指挥部门提出，说明临时空域使用的原因（如应急救援、大型赛事、影视拍摄）、所需空域的范围（经纬度坐标）、高度层、使用时段（精确到小时）、拟开展的飞行活动及安全保障措施等内容。

空管部门收到申请后，需在最短的时间内（应急情况下 1~2 小时，常规情况 1~2 个工作日）完成评估，根据周边空域使用情况、活动风险等级划定临时空域边界，并通过官方渠道发布临时空域公告，明确使用时段、限制条件及禁飞区域，同时通知周边相关单位。

例如，某地发生地震灾害后，应急管理部门向空管部门申请临时空域，用于直升机救援和物资投放。空管部门在 1 小时内完成评估，划定了以震中为中心、半径 5 千米、高度 800 米以下的临时空域，确定使用时间为 7 天，并发布公告禁止其他航空器进入该区域。

（1）应急救援类（响应时限 1 小时）

申请时提供应急空域使用申请书（仅需填写使用原因、大致范围、联系人），可通过传真、邮件等方式提交。

空管部门采取“先划定后补全”的模式，接到申请后 30 分钟内通过卫星地图划定临时空域，并同步发布禁飞公告。后续 24 小时内申请人需补全审批手续。

例如，在青海玉树地震救援中，应急管理部通过卫星电话申请临时空域，西部战区空军在 30 分钟内划定“以震中为中心、半径 10 千米、高度 1000 米以下”的临时空域，允许直升机不限时段起降。后续由玉树州政府在次日补全申请材料。

（2）大型活动类（响应时限 24 小时）

申请资料需包含活动方案（航空器数量、表演科目）、安保方案（观众区与飞行区距离≥ 500 米）、气象保障方案等内容。

空管部门进行现场勘查，使用激光测距仪核定空域边界，确保与周边障碍物（如高压线、建筑物）的安全距离≥ 100 米。

例如，厦门马拉松赛事需使用临时空域进行航拍，组委会提前 3 天提交申请，厦门空管站联合体育局进行现场勘查，划定赛道沿线 200 米宽、高度 200 米的临时空域，确定使用时段为比赛当日的 6:00～12:00，并在赛前 1 天通过无人机进行航线验证。

（3）特殊作业类（响应时限 48 小时）

需提供作业资质证明（如影视拍摄许可证）、第三方安全评估报告，说明作业对周边空域的影响（如噪声分贝值）。

空域划定需预留缓冲带（宽度≥ 500 米），禁止与其他活动交叉重叠。

例如，某剧组计划在黄山景区拍摄直升机追逐戏，提交了电影拍摄许可证、噪声评估报告（白天≤ 60 分贝）等资料。黄山空管站划定了 3 平方千米的临时空域，设置了1000 米缓冲带，确定使用时段为每日 5:00～7:00（游客进入前）。

2.3.2　管理中期：使用过程动态管控

（1）专门的指挥协调机制

临时空域使用期间，需建立专门的指挥协调机制：一是由空管部门设立临时指挥席位，实时监控空域内飞行活动，避免与周边空域的飞行活动相冲突；二是由活动组织方安排现场安全责任人，确保操作人员具备相应资质，航空器状态良好、飞行活动符合要求；三是配备应急处置力量，如救援车辆、医护人员等，以应对可能出现的突发情况。

例如，某城市举办国际风筝节，使用广场及周边 1 千米范围、高度 300 米以下的临时空域。活动期间，空管部门通过雷达和地面观察员实时监控空域活动，风筝节组委会则安排专人监测风筝放飞区域，禁止无人机等航空器进入，确保活动安全进行。

（2）实时监控体系

应急场景：部署便携式雷达（探测距离 5 千米）、无人机侦测设备，每 15 分钟生成空域态势图，通过应急指挥车实时显示。

大型活动：在周边制高点设置 8 个监控摄像头（360 度旋转），配备 2 名观察员，使用望远镜监测低空活动。

（3）冲突处置流程

发现未报备航空器闯入时，立即通过广播系统发出警告（连续 3 次），同时派出地面处置小组进行拦截。

危及核心区域安全时，可采取强制驱离措施（如使用反制枪迫降无人机），并在事后向空管部门报备处置过程。

例如，在郑州国际会展中心举办的无人机灯光秀活动中，临时空域管控措施如下。

部署 4 台“低空卫士”反制设备，覆盖周边 1 千米范围。

活动期间发现 1 架未报备的消费级无人机闯入，指挥中心立即启动三级响应（广播警告→地面人员前往定位→使用反制枪迫降），整个过程耗时 8 分钟，未影响活动进行。

2.3.3 管理后期：收尾与评估

2.3.3.1 提交报告及数据归档

临时空域使用结束后，活动组织方需在 24 小时内向空管部门提交临时空域使用报告，涵盖飞行活动开展情况、飞行架次（按机型分类）、实际使用时段的偏差率、安全事件处理情况等内容，并将此报告与审批材料一并存档（保存期为 3 年）。

空管部门则需及时发布临时空域撤销公告，恢复空域的初始模式，并对此次临时空域的使用情况进行评估，总结经验教训，优化临时空域管理流程。

例如，某影视剧组在山区使用临时空域完成拍摄后，向空管部门提交了报告，说明拍摄期间的飞行架次、时间及安全情况；空管部门评估后，认为此次临时空域的管理高效，并将其作为影视拍摄类临时空域管理的优秀案例存档。

2.3.3.2 效果评估

从“响应效率”（审批时间与标准时间的比值）、“安全管控”（违规闯入事件的数量）、“资源利用”（空域实际使用率）三个维度进行评分，90 分以上的案例可纳入临时空域管理最佳实践库。

例如，上海进博会使用了临时空域，组委会提交的报告显示：申请时段为 10 月 25 日～11 月 10 日，与实际使用时段完全吻合，无违规闯入事件发生，空域使用率达 92%。最终评估得分为 95 分，被作为大型展会类临时空域管理的标杆案例进行推广。

2.3.3.3 与公众沟通

此外，临时空域管理还需注重与公众沟通，通过媒体、社区公告等方式提前告知公众临时空域的使用情况，以减少对周边居民的生产与生活造成影响，争取公众理解与配合。

最好建立“公众沟通日历”，提前 3 天通过政务 APP、社区公告栏发布临时空域使用告知书，涵盖空域范围示意图、咨询电话等信息。对于敏感区域（如学校、医院），需逐户发放宣传单，并收集公众的反馈（24 小时内答复）。

章后思考

1. 管制空域与自主空域在管理程度和使用权限上有显著差异，这种差异对低空经济活动的开展会产生哪些影响？

2. 若某企业需在监视空域开展常态化作业，其空域使用申请需注意哪些事项？

3. 报告空域的申请流程相对简单，这是否意味着其安全风险更高？如何通过有效的措施降低风险？

4. 在临时空域申请中，分场景响应机制的依据是什么？请结合具体场景（如应急救援、大型活动）说明其合理性。

5. 临时空域使用过程的动态管控涉及哪些参与方？各参与方需承担哪些职责？

6. 比较管制空域三级审批制和监视空域两级备案制，哪个流程更能满足低空经济灵活高效的发展需求？为什么？

第3章 低空气象服务保障机制

学习目标

1. 掌握低空天气的特点与变化规律，包括小范围、剧烈变化等核心特征。

2. 了解气象观测设备的类型及获取数据的体系，清楚不同设备的功能。

3. 熟悉气象信息分析方法和飞行影响评估量化指标。

4. 知晓气象预警发布机制及不同级别预警的应对措施，了解应急演练与培训的要点。

低空气象条件是影响低空飞行活动安全与效率的关键因素，其独特的性质与复杂的变化规律，给低空经济的发展带来了诸多挑战。从范围小且变化剧烈，到地表作用主导的气象效应，再到多发的特殊天气现象，低空天气的复杂性不容忽视。而精准的气象服务，离不开科学的观测设备、数据获取体系以及专业的信息分析方法和飞行影响评估量化指标。同时，完善的气象预警发布机制与合理的应对措施，更是低空活动安全有序开展的重要保障。本章将深入探讨低空天气的特点与变化规律，解析气象观测、信息分析、飞行影响评估及预警应对的相关知识，为做好低空气象服务工作提供全面指引。

3.1 低空气象基础：特点与变化规律

低空天气（地面以上1000米，特殊区域扩展至3000米）与高空大气相比，呈现出明显的特殊性，直接决定了低空活动的安全边界与飞行效率。

3.1.1　特征一：范围小且变化剧烈

低空天气受地形、地表植被、建筑物等因素影响较大，在较小的空间范围内可能出现明显的天气差异。低空天气在水平和垂直方向剧烈变化，形成复杂的微气候环境。

3.1.1.1　水平尺度差异

在城市区域，高楼大厦之间可能形成局部的“狭管效应”，导致某一条街道的风力明显大于周边区域；而这种小范围的气象变化，使低空飞行活动存在更多的不确定性。在城市建筑群中，500 米范围内可能出现风速 3 级街道与风速 6 级狭管区域并存的现象。

例如，上海陆家嘴 CBD 无人机配送测试显示，在相同时间段内，东方明珠周边风速稳定在 2～3 级，而相邻的两栋摩天大楼之间风速骤增至 5～6 级，导致无人机续航能力下降 30%。

在深圳前海片区无人机物流试点中，技术团队发现，同一时刻距离仅 800 米的两个起降点呈现截然不同的天气现象——A 点能见度 10 千米、微风；B 点受建筑物遮挡形成涡流，能见度降至 3 千米，阵风达 7 级，最终通过动态调整航线才避开危险区域。

3.1.1.2　垂直梯度变化

在山区，山谷与山顶的温度、湿度相差较大，山谷中可能出现逆温层，而山顶风力则可能较大。在山区地形中，每上升 100 米温度可能下降 0.8～1℃，湿度提升 5%～8%。

例如，云南大理苍山景区的观测数据表明，山脚为晴朗天气时，海拔 2000 米处可能出现浓雾，这种垂直分层现象给直升机观光航线规划带来严峻挑战。

同时，低空天气的变化速度也较快。在晴朗的白天，随着太阳辐射的增强，地面温度迅速升高，可能在短时间内形成对流天气，出现阵风、乱流等现象。

例如，某低空旅游景区曾出现过这样的情况：上午天气晴朗，风力较小，但到了中午，景区内局部区域突然出现阵风，风速从3米/秒迅速增至8米/秒，导致正在进行的低空观光活动不得不紧急暂停，以免发生安全事故。

3.1.2 特征二：地表作用主导的气象效应

地表的性质和状态对低空天气有着直接的影响。不同的地表类型，如海洋、陆地、森林、沙漠等，其热容量和反射率不同，会导致局部气象条件存在差异。

3.1.2.1 海陆界面效应

沿海地区由于海陆热力性质的差异，白天可能出现海风（从海洋吹向陆地），夜间则可能出现陆风（从陆地吹向海洋），这种海陆风的交替变化会对沿海地区的低空飞行产生影响。沿海地区每日出现周期性的海陆风环流，上午9~11时海风推进速度可达2~3米/秒，午后形成的垂直环流可能引发低空湍流。

例如，厦门翔安湾的无人机跨海配送数据显示，在海风登陆时段（10:00~15:00），无人机姿态控制系统的修正频率是其他时段的2.5倍。

3.1.2.2 城市热岛效应

城市热岛效应也是地表影响低空天气的典型例子。城市中心区域的温度通常比周边郊区高2~5℃，这种温度差异会导致空气在城市中心上升，周边空气向中心汇聚，形成城市环流。这种环流可能会带来局部区域的风力和云层变化，给低空飞行尤其是城市周边的无人机配送、低空旅游等活动带来挑战。

例如，某城市的无人机配送企业发现，在夏季傍晚，城市中心区域的上升气流较为明显，无人机在穿越城市中心时，需要频繁调整飞行姿态，以保持稳定。

3.1.3 特征三：特殊天气现象多发

低空容易出现一些特殊的天气现象，如雾、霾、降水、雷暴、低空风切变等，对低空飞行的影响较大。雾和霾会降低能见度，影响飞行员的目视判断和航空器的导航系统；降水会增加航空器的重量，影响其气动性能，同时可能导致跑道湿滑，影响起降安全；雷暴则伴随着强风、雷电等，对航空器的结构和电子设备会造成严重威胁；低空风切变是指低空范围内风速或风向突然变化，可能导致航空器瞬间失去升力，是低空飞行的重大安全隐患。

在山区的低空飞行中，由于地形的抬升作用，容易形成地形雾。

例如，某通用航空公司的直升机在山区执行救援任务时，曾遭遇突然出现的地形雾，能见度迅速降至不足 50 米，飞行员立即按照应急程序保持高度、缓慢返航，最终安全抵达基地。这一案例充分说明了低空特殊天气现象的突发性和危险性。

低空环境中，表 3-1 所示的四类天气现象对飞行安全构成重大威胁。

表 3-1　对飞行安全构成重大威胁的四类天气现象

天气现象	形成条件	典型影响	案例
辐射雾	晴朗夜空、微风（1～3 米 / 秒）、近地面湿度 >90%	能见度 <500 米，持续 4～6 小时	2023 年 11 月，成都双流机场周边辐射雾导致 5 架无人机物流航班延误，其中一架在雾中悬停时因 GPS 信号衰减而偏离航线 120 米
低空风切变	雷暴前沿、锋面过境、地形突变	3 秒内风速变化 >10 米 / 秒，升力骤减	2022 年 8 月，广州白云机场附近直升机遭遇风切变，瞬间下沉速度达 3.5 米 / 秒，飞行员果断推杆增速脱离危险区域
地形雷暴	山区午后、湿度 >85%、地形抬升率 >1℃ /100 米	伴随冰雹，阵风达 12 级以上	2024 年 7 月，黄山景区突发地形雷暴，3 架观光直升机紧急备降，其中一架受冰雹冲击造成旋翼轻微损伤
冻雨	近地面温度 <0℃、高空存在暖层（>0℃）	机身积冰厚度每 5 分钟增加 1～2 毫米	2023 年 1 月，沈阳棋盘山通用机场的无人机在 150 米高度遭遇冻雨，12 分钟内电池舱门被冰堵塞，被迫紧急返航

3.2 气象数据获取：观测设备与数据体系

为精准掌握低空天气的实时状态与变化趋势，需构建“地面感知－高空探测－遥感监测”三位一体的观测网络。不同类型的设备通过差异化的技术路径，形成覆盖全域的多维度气象数据采集体系，为低空飞行活动提供从微观到宏观的气象数据支撑。

3.2.1 地面观测设备：近地气象要素的精细化捕捉

地面观测设备主要用于监测近地面的气象要素，如温度、湿度、气压、风速、风向、降水量、能见度等，是气象观测的基础。

常见的地面观测设备包括自动气象站、能见度仪、降水传感器等。地面观测设备以“点面结合”的布设方式，实现对近地面（0～100 米）气象要素的连续监测，其采集的数据是低空飞行决策的直接依据。

3.2.1.1 自动气象站（AWS）

自动气象站是应用最为广泛的地面观测设备之一，它可以实现对气象要素的连续自动观测和记录。自动气象站通常由传感器、数据采集器、通信设备等组成，传感器负责采集气象要素数据，数据采集器负责对数据进行处理和存储，通信设备则将数据传输至气象数据中心。在低空经济活动较为集中的区域，如通用机场、无人机起降场、低空旅游景区等，通常会布设自动气象站，为当地的低空飞行活动提供实时的气象数据。

例如，某通用机场在跑道周边布设了多个自动气象站，实时监测温度、湿度、风速、风向等数据，并将这些数据实时传输至机场塔台和气象服务平台，为航空器起降提供气象资料。

自动气象站（AWS）的核心构成、技术指标、布设规范如图 3-1 所示。

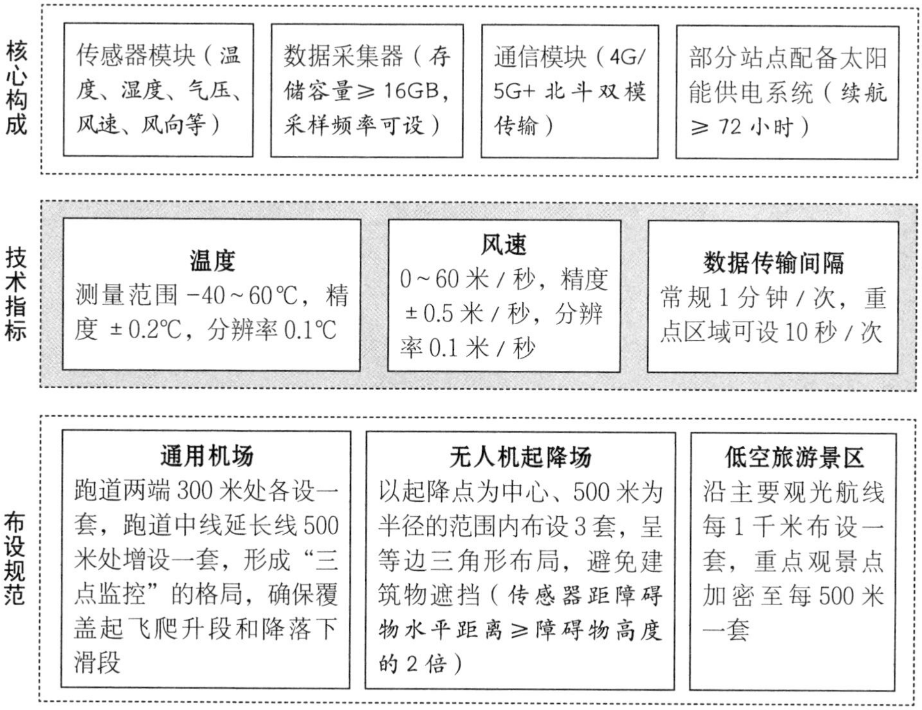

图 3-1　自动气象站（AWS）的核心构成、技术指标、布设规范

例如，西安咸阳国际机场无人机物流专区布设了 6 套自动气象站。2024 年夏季高温时段（≥ 35℃）的记录显示，10 米高度的风速较标准气象值低 18%，且阵风频次增加 27%。运营企业据此将无人机载重上限从 5 千克下调至 3.5 千克，同时将单次续航时间缩短至 15 分钟，使夏季飞行故障率下降 62%。

3.2.1.2　能见度仪

能见度仪主要用于测量大气能见度，它发射和接收光信号，根据光的散射和衰减程度来计算能见度。在雾、霾等低能见度天气条件下，能见度仪的数据对于低空飞行至关重要。

例如，某港口在无人机起降点附近安装了能见度仪，当能见度低于安全阈值时，系统会自动发出警示，禁止无人机起飞，确保飞行安全。

能见度仪的技术原理、安装要求如图 3-2 所示。

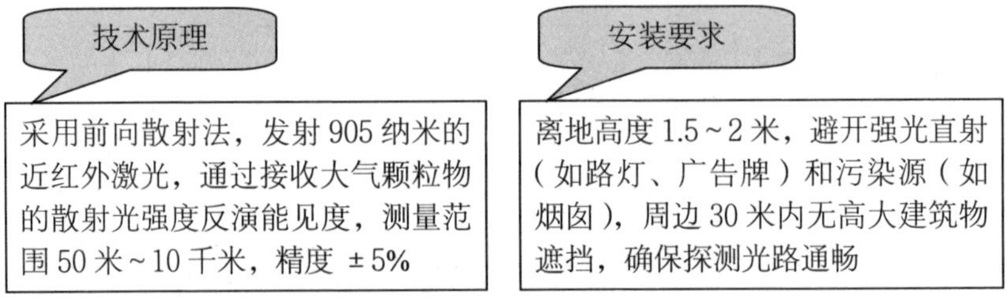

图3-2　能见度仪的技术原理、安装要求

例如，上海浦东机场在货运区无人机起降场的集装箱堆场周边布设了8台能见度仪，当检测到能见度<800米时，系统自动触发三级响应：①向调度平台推送预警信息；②锁定无人机起飞权限；③启动跑道灯光增强模式。2023年11月，在辐射雾天气下，该系统提前12分钟发出预警通知，阻止了3架无人机在低能见度下强行起飞，确保了人员与财产安全。

3.2.1.3　降水传感器

降水传感器是气象监测、水文观测等领域的重要设备，用于精确测量和记录降水情况。降水传感器有翻斗式雨量计、压电式雨滴谱仪等。

（1）翻斗式雨量计

由于对中到大雨的测量效果较佳，翻斗式雨量计常用于常规气象站、水文站对降雨的日常监测，尤其适合降雨量较大的地区或季节。翻斗式雨量计的核心原理与关键参数如表3-2所示。

表3-2　翻斗式雨量计的核心原理与关键参数

核心原理	雨水会进入翻斗，当翻斗承接的雨水达到一定量时，会因重力作用翻转，每一次翻转对应固定的降水量，以此实现雨量计量
关键参数	测量范围：0~4毫米/分，这意味着它能较好地应对中等强度或高强度的降雨（换算为小时雨强为0~240毫米/时） 分辨率：0.2毫米，即每一次翻转代表的降水量为0.2毫米，测量精度在中到大雨场景中表现稳定

（2）压电式雨滴谱仪

压电式雨滴谱仪适用于需要精确区分降水类型和监测微量降水的场合，如气象研究、机场气象保障等。压电式雨滴谱仪的核心原理与关键参数如表3-3所示。

表 3-3　压电式雨滴谱仪的核心原理与关键参数

核心原理	利用压电传感器感知雨滴（或雪粒、冰雹）撞击产生的压力变化，进而分析降水类型和强度
关键参数	降水类型识别：可区分雨、雪、冰雹，能满足复杂天气条件下的监测要求 测量范围：0.01 ~ 200 毫米 / 时，覆盖了从微量降水到强降雨的区间 分辨率：0.01 毫米，测量精度较高，能捕捉到细微的降水变化

广州南沙新区在低空物流枢纽的每个无人机停机位上安装了压电式雨滴谱仪，当设备检测到雨滴直径 >2 毫米（可能伴随冰雹）时，自动启动停机位防雨棚，并向无人机发送“立即返航”的指令。在 2024 年 4 月的强对流天气中，该系统成功保护了 12 架无人机免受冰雹冲击。

3.2.2　高空观测设备：垂直气象廓线的立体探测

高空观测设备主要用来获取低空至高空的气象数据，如温度、湿度、气压、风速、风向等，分析其随高度的变化情况。高空观测设备可突破地面观测的高度限制，获取地面及以上 3000 米高度垂直分布的气象要素，揭示低空湍流、逆温层等关键的气象结构。常见的高空观测设备有气象气球、测风雷达、无人机气象探测系统等。

3.2.2.1　气象气球

气象气球是一种传统的高空观测设备，它携带探空仪升空，在上升过程中采集不同高度的气象数据，并通过无线电信号将数据传回地面接收设备。气象气球可以探测从地面至以上 30 千米左右高度的气象数据，对了解低空大气的垂直结构具有重要意义。气象部门通常会定期释放气象气球，获取大范围的高空气象数据，为天气预报和低空气象服务提供支持。

例如，某省气象部门每天早晚各释放一次气象气球，覆盖全省范围，获取的高空气象数据为该省的通用航空、低空物流等低空经济活动提供了重要的天气参考。

气象气球的设备构成与施放规范如表 3-4 所示。

表 3-4　气象气球的设备构成与施放规范

设备构成	（1）气球：升速 5～6 米 / 秒，最大升空高度 30 千米，采用氢气球（载重 1 千克）或氦气球（载重 2 千克） （2）探空仪：集成温湿度、气压、GPS 模块，采样频率 1 次 / 秒，数据通过 403 兆赫兹频段实时回传
施放规范	（1）常规观测：每日 08 时、20 时准时施放，特殊天气（如台风、强寒潮）加密至每 6 小时一次 （2）数据质控：升空后前 100 米的数据需与地面站校准，偏差 >0.5℃时自动标记可疑值

例如，2024 年 3 月，深圳市气象局通过每日 2 次的气象气球探测发现，珠三角地区 800～1000 米高度存在逆温层（温度随高度升高而增加），厚度约 200 米。无人机企业因此将跨区配送航线调整至 1100 米以上，避开了逆温层导致的湍流区域，使飞行姿态稳定率提升 40%。

3.2.2.2　测风雷达

测风雷达可以通过发射雷达波，探测大气中微粒对雷达波的散射信号，从而获取风速、风向随高度变化的信息。测风雷达具有观测范围广、精度高、实时性强等特点，能够为低空飞行提供详细的风场数据。在一些对风场条件要求较高的低空活动中，如无人机长距离配送、直升机吊装作业等，测风雷达的数据尤为重要。

测风雷达的技术类型如图 3-3 所示。

边界层风廓线雷达

探测高度0.1～3千米，垂直分辨率50米，时间分辨率6分钟，可获取水平风场和垂直气流

多普勒天气雷达

扫描半径 150 千米，可探测低空风切变（分辨率 1 千米 ×1 度），预警提前量≥ 10 分钟

图 3-3　测风雷达的技术类型

例如，某直升机吊装公司在进行 50 吨设备跨江吊装前，获取了边界层风廓线雷达数据，发现 150 米高度存在风速≥ 10 米 / 秒的急流区。技术团队据此将吊装时段调整为凌晨（风速降至 6 米 / 秒以下），并将吊索长度增加 20%，

以缓冲风荷载，最终顺利完成作业，避免了因强风导致的设备摇摆风险。

3.2.2.3　无人机气象探测系统（UAV-MDS）

无人机气象探测系统是一种新兴的高空观测设备，它将气象传感器安装在无人机上，通过无人机飞行，实现对特定区域和高度气象数据的采集。无人机气象探测系统灵活性高、成本低，能够进入地形复杂的区域，弥补了传统观测设备的不足。在山区、峡谷等地形复杂的区域，无人机气象探测系统可以获取更为精准的低空气象数据。

例如，某地质勘探队在山区进行勘探作业时，使用无人机气象探测系统对作业区域的低空天气进行探测，获取了温度、湿度、风速等数据，为勘探队的低空飞行和野外作业提供了安全保障。

3.2.3　遥感观测设备：大范围气象场的宏观监测

遥感观测设备主要通过卫星、飞机等平台对大气进行大范围的遥感探测，以获取气象数据。卫星遥感具有观测范围广、周期性强等特点，可以获取区域或全球范围的气象数据，如云层分布、地表温度、降水分布等，为跨区域低空飞行提供了宏观气象信息。

3.2.3.1　气象卫星

气象卫星是卫星遥感技术在气象观测中的主要应用，它携带多种遥感仪器，能够对大气进行多光谱、多角度的观测。通过气象卫星获取的云图数据，可以清晰反映云层的分布、厚度、类型等信息，为预测雷暴、暴雨等天气提供重要依据。在低空经济中，气象卫星数据可以为大范围的低空飞行活动，如跨区域的通用航空运输、无人机物流干线运输等，提供准确的气象数据。

例如，顺丰速运在规划无人机干线物流（深圳—广州）的航线时，接入风云四号云图数据。当监测到珠江口附近出现 γ 中尺度对流云团（水平尺度 <20 千米）时，会及时调整航线，绕行至东莞长安镇空域，避免了无人机穿越雷暴云的风险。

3.2.3.2 有人机气象探测

有人机气象探测也是一种遥感观测技术，它可以在飞行过程中对航线沿线的气象要素进行实时观测。在通用航空飞行作业中，航空器自身可以携带气象探测设备，成为移动的气象观测平台，将观测到的气象数据实时传输至地面气象服务中心。

例如，中国东方航空的通用航空分公司，在执飞上海—舟山的低空观光航线时，通过机载设备发现，850 百帕高度存在强冷平流（−5℃ / 时），提前 4 小时预测到航线中段将出现雷暴，因此取消了当日 2 架次飞行，避免了旅客滞留和设备损失等情况。

3.2.3.3 有人机与无人机协同遥感

有人机与无人机协同遥感是现代遥感技术中一种高效的作业模式，通过两者在不同高度层的配合，实现了气象数据从宏观到微观、从整体到局部的精准获取与优化，极大提升了遥感数据的质量和应用效能。

例如，2024 年杭州亚运会期间，气象部门利用“空中国王 350+ 大疆 M300”协同探测。有人机在 3000 米高度获取杭州湾区域温度场，发现萧山机场附近存在暖脊；无人机在 500 米高度加密探测，确认暖脊中心温度比周边高 2℃，且伴随弱上升气流。基于此，活动方调整了无人机安保巡逻航线，避开了上升气流影响区，确保开幕式期间低空飞行零事故。

3.3 气象信息应用：分析方法与评估体系

获取气象数据后，需要对其进行深入分析，并评估气象条件对低空飞行的影响，为低空飞行活动提供决策依据。气象信息分析和飞行影响评估是确保低空飞行安全的关键环节。

3.3.1　信息处理：多维度分析方法

气象信息分析是对采集的气象数据进行处理、分析和解读的过程，常用的分析方法包括统计分析模型、数值模拟系统、天气图分析等。

3.3.1.1　统计分析模型

统计分析模型通过对历史气象数据进行统计和分析，找出气象要素的变化规律和分布特征。例如，对某地区多年的风速数据进行统计，可以得出该地区不同季节、不同时段的平均风速、最大风速等信息，为低空飞行活动的航线规划和航空器选型提供参考。

统计分析模型常见的分析维度如表3-5所示。

表3-5　统计分析模型常见的分析维度

分析维度	说明	案例
时间维度	计算不同时间段（年、季、月、时段）气象要素的平均值、极值、概率分布等，识别出高风险时段	某景区对5年历史数据分析后发现：夏季午后（13:00～17:00）雷暴天气的发生概率达35%，远高于其他时段（平均5%）。基于这一规律，景区将夏季的低空游览项目调整至清晨或傍晚，直接降低了突发雷暴导致的飞行风险，同时也减少了因天气原因而取消项目带来的经济损失
空间维度	分析气象要素在不同区域的差异（如沿海与内陆的风速差异），划定风险区域	北京通州无人机起降场对5年数据建模后发现：每年3～5月（春季）的14:00～16:00是雷暴高发时段，发生率达23%（其他时段平均仅为4%）。因此，管理方将此时飞行架次减少了60%，并要求剩余飞行配备实时气象监测设备，这样显著提升了春季飞行的安全性
关联分析	探究不同气象要素之间的相关性（如温度与雷暴的关系），提高预测的准确性	深圳湾沿岸因海陆热力差异，风速空间分布极不均匀。通过绘制风速分布热力图发现：距海岸线1千米的区域，风速标准差达2.8米/秒（即风速波动剧烈，最大瞬时风速可能较平均风速偏差±2.8米/秒），远超无人机安全飞行的风速容忍范围（标准差需≤1米/秒）。因此，相关企业在此区域设置了50米高度的禁飞带，以免因风速突变导致无人机失控

3.3.1.2 数值模拟系统

数值模拟系统是利用计算机数值模型对大气运动和气象变化进行模拟和预测。它考虑了大气中的各种物理过程和化学过程，如辐射、对流、降水等，能够较为准确地预测未来一段时间的天气状况。在低空气象服务中，数值模拟系统可以提供精准的气象资料，如未来 24 小时内某区域温度、湿度、风速、风向等的变化。

例如，某无人机配送平台利用数值模拟技术预测未来 6 小时的风速变化，并根据预测结果，合理安排无人机的配送时间和路线，避开风速较大的时段和区域，从而提高了配送效率和安全性。

3.3.1.3 天气图分析

天气图分析是气象分析的传统方法，它将不同地点的气象观测数据填绘在地图上，形成各种天气图表，如地面天气图、高空天气图等。通过对天气图进行分析，可以识别出天气现象的位置、强度、移动方向等信息，如高压系统、低压系统、冷锋、暖锋等，为低空飞行的规划和决策提供依据。

例如，某无人机物流企业在规划某日的城市间配送航线时，通过分析地面天气图发现：航线中段将穿越一条正在东移的暖锋，暖锋前部为连续性小雨，能见度约 2 千米，且伴随 3～4 级偏南风。结合高空 850 百帕图判断，该区域无明显风切变。因此，企业决定：

将飞行高度调整至 300 米（避开近地面雨雾最浓的 100 米以下层）；

配备实时能见度监测设备，在接近暖锋区域时减速飞行；

提前 1 小时更新天气图，确保暖锋移动速度与预判一致。

最终，无人机顺利避开高风险区域，完成配送任务。

3.3.2 影响评估：飞行影响评估的量化指标

飞行影响评估主要是根据分析后的气象信息，评估气象条件对低空飞行安全性、经济性和效率的影响。

3.3.2.1　安全性影响评估

这是飞行影响评估的核心内容，主要判断气象条件是否满足低空飞行的安全标准，例如，能见度是否达到规定的最低标准，风速和风向是否在航空器的安全运行范围内，是否存在雷暴、低空风切变等危险天气现象。如果气象条件超出安全标准，则不适合开展低空飞行活动。

例如，某通用航空公司在执行一次飞行任务前，通过分析气象信息发现，飞行区域在预计飞行时段可能出现低空风切变，认为该气象条件对飞行安全构成严重威胁，因此取消了此次飞行任务，保障了人员和航空器的安全。

3.3.2.2　经济性影响评估

气象条件会对低空飞行的经济性产生影响，例如，恶劣天气可能导致航班延误或取消，从而增加运营成本；强风天气可能增加航空器的燃油消耗等。通过经济性影响评估，可以为低空运营企业进行成本分析提供参考。

例如，某无人机物流企业接到一笔紧急配送订单，通过气象预报系统发现，该配送时段有中等强度的降水，会导致无人机的续航能力下降，需要增加中途充电或换电的次数，从而使运营成本增加。因此，企业与客户协商，调整了配送时间或配送费用，以平衡成本和收益。

3.3.2.3　效率影响评估

气象条件对低空飞行效率的影响贯穿整个飞行过程。

（1）低能见度会使航空器在起降阶段延长滑跑距离或起飞许可时间，直接增加地面周转时间。

（2）风速超过最优值时，航空器需调整航向以消除侧风影响，这样不仅增加燃油消耗，还可能导致航线偏移，延长飞行时间。

（3）突发性阵雨或雷暴可能引发空中交通拥堵，造成航班大面积延误。

通过量化分析不同气象参数与飞行效率指标的关联性——如能见度与起降间隔的延长系数、风速与巡航速度的衰减率等，为低空运营企业的决策提供数据支撑。基于评估结果，企业可动态调整排班计划，例如，在高风速时段优化航线以缩短实际飞行距离，或根据能见度预测提前调配备份机组；还可以合理规划起降顺序，减少航空器在地面和空中的等待时间，从而在保障安全的前提下，最大限度地提升资源利用率与运营效率。这种评估机制将气象数据转化为可操作的运营策略，成为连接气象服务与低空经济效益的关键纽带。

例如，某低空旅游公司通过气象预报得知，未来几天的某一时段风速较小、能见度良好，于是合理安排旅游班次，增加该时段内的飞行次数，提高了设备利用率和游客接待量。

3.4 气象风险应对：预警机制与应对措施

特殊天气预警是气象服务的重要组成部分，通过及时向低空飞行相关主体发布气象灾害信息，提醒其采取相应的应对措施，可以减少气象灾害对低空飞行造成的损失。

3.4.1 预警机制：气象预警信息发布流程

气象预警机制包括预警信息的制作、审核与发布等环节，确保及时、准确地将信息传递给相关单位和个人。

3.4.1.1 发布部门

气象预警信息通常由气象部门根据气象观测数据和预报结果制作，经过严格的审核后发布。

3.4.1.2 预警信息的内容

预警信息的内容包括预警类型（如暴雨预警、大风预警、雷暴预警等）、预警级别（通常分为蓝色、黄色、橙色、红色四级，级别越高，表示灾害的严重性和紧急程度越高）、预警区域、预警时段以及可能造成的影响和建议采取的应对措施等。

3.4.1.3　发布渠道

气象预警信息的发布渠道多种多样，包括官方网站、手机短信、广播电视、气象预警终端、社交媒体等。

在低空经济领域，为了确保预警信息能够及时传递给低空飞行运营企业、飞行员、管制部门等主体，通常会建立专门的气象预警信息推送渠道。

例如，某地区气象部门与低空经济管理平台合作，将气象预警信息实时推送至平台，平台会根据低空飞行活动的范围和类型，将预警信息精准推送给相关企业和个人。同时，在通用机场、无人机起降场等场所，安装气象预警终端，实时显示最新的预警信息。

3.4.2　应对措施：不同预警级别的应对

根据气象预警级别的不同，低空飞行相关主体应采取不同的应对措施，以保障飞行安全。

3.4.2.1　蓝色预警

表示可能发生一般程度的气象灾害。此时，低空飞行运营企业应密切关注天气变化，加强对航空器的检查和维护，做好应急准备工作。飞行员在飞行前应详细了解气象情况，飞行过程中注意观察天气变化，如遇异常情况，及时返航或备降。

例如，气象部门发布大风蓝色预警时，无人机物流企业会对无人机的螺旋桨、电池等部件进行重点检查，确保其在大风条件下能够正常工作；飞行员在飞行过程中会适当降低飞行高度，并与地面保持密切联系。

3.4.2.2　黄色预警

表示可能发生较重程度的气象灾害。此时，低空飞行运营企业应根据实际情况，调整飞行计划，减少或暂停部分低空飞行活动。对于正在进行的飞行活动，应引导其尽快安全降落。

例如，气象部门发布暴雨黄色预警时，低空旅游企业会暂停旅游飞行项目，对于正在空中的旅游航空器，引导其就近降落至安全区域；通用航空公司会推迟或取消非紧急的飞行任务，对于正在飞行的航空器，指挥其避开暴雨区域，选择备降机场降落。

3.4.2.3 橙色预警

表示可能发生严重的气象灾害。此时，应停止一切不必要的低空飞行活动，确保人员和航空器安全。如果需要执行紧急飞行任务（如应急救援），应采取最严格的安全措施，确保飞行人员具备应对恶劣天气的能力，航空器处于最佳状态，并配备足够的应急设备。

例如，气象部门发布雷暴橙色预警时，所有非紧急的低空飞行活动都应停止，无人机应停放在机库或安全的地方，并做好防雷措施；应急救援直升机执行任务时，必须由经验丰富的飞行员驾驶，避开雷暴中心区域，并与地面指挥中心保持实时联系。

3.4.2.4 红色预警

表示可能发生特别严重的气象灾害。此时，应全面停止所有低空飞行活动，对航空器进行妥善保管，将人员撤离至安全地带。

例如，气象部门发布台风红色预警时，所有低空航空器都应停放在防风、防雨性能良好的机库内并固定好，防止被台风损坏；相关人员应撤离至远离航空器和高大建筑物的安全区域，等待预警解除。

3.4.3 能力保障：应急演练与培训

在低空飞行活动中，气象灾害的突发性和复杂性对相关主体的应急响应能力提出了极高要求。定期开展系统的应急演练与有针对性的培训，是提升各方应对气象风险能力的核心手段，能够确保在突发气象事件时，应急处置流程各环节高效衔接，最大限度地降低安全风险带来的损失。

3.4.3.1 应急演练：模拟实战，检验协同能力

应急演练以“实战化模拟”为核心，通过构建接近真实的气象灾害场景，检验低空飞行运营企业、空管管制部门、救援队伍等主体的协同配合效率与应急处置效能。

（1）演练核心目标

演练的核心目标在于验证“预警 - 响应 - 处置 - 救援”全链条的顺畅性，具体包括：

① 检验各主体对气象预警信息解读的准确性。

② 评估多方联动机制的启动效率（如管制部门与企业的沟通、救援队伍的集结）。

③ 验证应急预案中具体措施的可行性（如应急返航路线的合理性、备降机场的接纳能力）。

④ 检验一线人员高压环境下的应急操作熟练度（如飞行员的紧急迫降、地面人员的设备保障）。

（2）场景设计原则

演练场景需覆盖不同类型、不同级别的气象灾害，如图 3-4 所示。

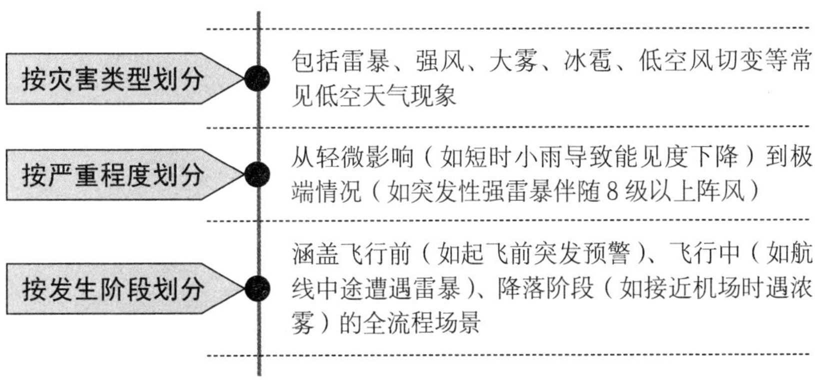

图 3-4 演练场景分类

例如，某地区针对夏季雷暴高发特点，组织开展了一场跨部门的低空飞行应急演练。

模拟场景：一架执行低空旅游任务的轻型航空器飞行至距起降场 20 千米

处时，突遇强雷暴天气，气象部门发布了橙色预警信息，风速瞬间增至10级，能见度降至500米。

演练流程：

① 气象部门通过专用通道向管制中心和运营企业同步推送雷暴预警及实时位置数据。

② 管制中心立即启动应急预案，指导航空器调整航线在最近的备降机场降落，并协调周边空域临时禁飞，为其开辟绿色通道。

③ 运营企业地面指挥团队与飞行员保持实时联络，指导其将飞行高度降至300米以规避强气流，并确认备降机场的地面保障情况（如停机位、燃油补给）。

④ 救援队伍同步抵达备降机场，做好航空器迫降后的救援准备（如消防设备、医疗团队）。

演练成效：通过此次演练，发现了三个问题——预警信息在企业内部传递存在3分钟延迟、备降机场的通信频率与航空器不匹配、救援队伍的集结时间超出预案设定值。

后续通过优化信息传递流程、统一通信频率、增加救援驻点等措施，使应急预案的可行性提升了40%。

3.4.3.2 培训工作：分层施教，提升专业能力

应根据低空飞行产业链中的不同角色（如飞行员、气象服务人员、企业管理人员等），开展差异化的培训，确保各岗位人员具备与职责相匹配的知识、技能及应急处置能力。

（1）培训对象与培训内容

应根据不同岗位的工作场景，设计不同的培训内容，如表3-6所示。

表3-6 培训对象与培训内容

序号	培训对象	培训内容
1	飞行员（含无人机操作员）	低空气象的特点（如地形对风速的影响、城市热岛效应导致的局部气流变化）、危险天气的视觉识别（如雷暴云的形态特征、雾的浓度等级判断）、气象预警信息的解读（如不同颜色预警对应的风力、能见度阈值）、应急操作技能（如风切变的处置技巧、紧急返航的航线规划）

续表

序号	培训对象	培训内容
2	气象服务人员	低空飞行气象要求的特殊性（如无人机对 10 米高度风速的敏感值、轻型航空器的抗侧风极限）、精细化预报模型的应用（如针对特定航线的逐小时降水概率预测）、与飞行团队的沟通技巧（如用非专业术语解释气象数据）
3	企业管理人员	气象风险的管理策略，包括应急预案的制定（如不同预警级别的响应流程）、气象数据在运营决策中的应用（如根据风速调整每日飞行架次）、应急资源的调配（如备用机组的轮班安排）

（2）多元化培训方式

应注重理论学习与实操训练，采用“线上 + 线下”的融合模式，提升培训效果，如表 3-7 所示。

表 3-7　“线上 + 线下”的培训模式

培训方式	操作说明	实例
线上培训	通过网络课程、视频教程、在线测试等形式，培训基础理论知识	开发“低空气象预警解读”系列微课，用动画展示不同预警符号的含义，用配套练习题检验学习的效果；提供历史气象灾害案例库（如 2023 年某景区无人机因突遇阵风而坠毁的案例分析），鼓励学员自主学习
线下培训	以实操训练、案例研讨、模拟操作为主，提升技能水平	搭建模拟飞行平台，还原暴雨、强风等场景，让飞行员练习低能见度下的仪表飞行操作；组织“气象应急桌面推演”，让管理人员分组应对突发性雷暴，制定航线调整、游客安抚等方案，并由专家进行点评
专题讲座与交流	邀请气象领域专家、资深飞行员等进行实战经验分享	某通用航空协会举办了一次“气象应对沙龙”，邀请气象局专家解读最新的短时预报技术（如雷达回波在雷暴预警中的应用），邀请拥有 20 年飞行经验的机长分享“在山区飞行中如何通过云形判断气流变化”，同时设置互动问答环节，解决学员在实际工作中遇到的具体问题（如无人机在城市高楼间飞行时，如何避免乱流风险）

例如，某无人机培训机构针对物流行业操作员设计了系统化的气象培训课程。

课程设置：20 小时线上理论课（含低空气象学基础、预警信号解读）+15 小时线下实操（含模拟强风环境飞行、应急迫降训练）+5 小时专家案例分享。

培训效果：学员对“8 级风对应的无人机抗风等级”“能见度 1 千米以下

的飞行禁忌”等核心知识点的掌握率从培训前的45%提升至92%；在模拟雷暴场景中，学员的应急返航决策时间从平均40秒缩短至15秒，操作失误率下降60%。

应急演练与培训共同构成了低空飞行气象安全的保障体系：通过实战演练暴露短板，通过培训弥补短板，可以形成“发现问题－解决问题－巩固提升”的闭环体系，为低空飞行活动构建一道坚实的气象安全防线，推动低空经济在安全可控的前提下高质量发展。

章后思考

1. 低空天气“范围小且变化剧烈”的特点，给低空飞行活动会带来哪些具体挑战？

2. 地面观测设备和高空观测设备在数据获取上各有侧重，二者如何配合才能更全面地反映低空气象状况？

3. 运用多维度分析方法对气象信息进行分析时，需重点关注哪些内容？

4. 在飞行影响评估的量化指标体系中，你认为哪项指标对飞行安全的影响最大？请说明理由。

5. 气象预警信息包括哪些内容，怎样才能将预警信息快速、准确地传递给相关飞行单位？

6. 对不同级别的气象预警制定应对措施时，应遵循哪些基本原则？

7. 应急演练与培训在提升低空气象灾害处置能力方面，能起到哪些实际作用？

第4章 低空飞行安全监管体系

学习目标

1. 明白安全监管法规与标准体系的层级划分及构成。
2. 掌握飞行安全检查的流程和核心要点。
3. 了解安全风险监测手段和风险评估方法。
4. 清楚违规行为类型、查处流程及整改机制。

随着低空经济的蓬勃发展，低空飞行活动日益频繁，涵盖无人机物流、低空旅游、应急救援等多个领域。然而，低空飞行环境复杂多变，涉及空域资源分配、飞行器操作规范、公众安全保障等诸多问题，一旦监管缺失，极易引发安全事故，对人民生命财产安全和社会秩序造成严重威胁。因此，构建完善的低空飞行安全监管体系至关重要，其中，法规与标准体系是整个监管体系的基石，为所有低空飞行活动划定了行为边界，明确了各方责任，是低空飞行安全、有序、高效开展的根本保障。

4.1 监管基础框架：安全监管法规与标准体系

低空飞行安全监管的法规与标准体系是规范飞行行为、明确责任边界的基础，旨在通过多层次、多维度的制度设计，实现“有法可依、有标可循”。一个科学、完善的法规与标准体系，能够为低空飞行活动提供清晰的指引，确保各类飞行主体在法律框架内开展活动；同时也能为监管部门的执法工作提供坚实的依据，从而有效降低安全风险，促进低空经济健康发展。

4.1.1　法规类别：法规体系的层级划分

低空飞行监管法规体系按效力层级可分为 4 类，如表 4-1 所示，它们相互配合、相互补充，共同构成了一个完整的法规网络，确保低空飞行监管的全面性和权威性。

表 4-1　法规体系的层级划分

类别	效力	举例说明
法律	是国家层面的根本规范、低空飞行监管的“母法”，对低空飞行活动的基本原则、重要制度作出了明确规定，具有最高的法律效力	《中华人民共和国民用航空法》（2021 年修正），不仅明确了民用航空器适航管理、空域使用、飞行人员资质等的基本要求，还对民用航空活动中的权利义务、法律责任等重大问题进行了界定，为其他层级法规制定提供了依据
行政法规	由国务院制定，是对法律的细化和补充，对低空飞行领域的特定问题作出具体规定，具有较高的法律效力	《中华人民共和国民用航空器国籍登记条例》《中华人民共和国民用航空器权利登记条例》，对民用航空器国籍登记、权利登记的具体程序和要求进行了详细规范；而针对无人机等新兴领域的《无人驾驶航空器飞行管理暂行条例》（2024 年实施），则进一步细化了低空飞行的管理规则，包括无人机生产、销售、登记、飞行空域申请等内容，为无人机的规范化管理提供了重要支撑
部门规章	行业主管部门（如中国民用航空局、交通运输部）在法律和行政法规的框架下，针对低空飞行监管中的具体问题制定的规范性文件，具有较强的操作性	《民用无人机实名制登记管理规定》，明确了无人机实名登记流程、登记信息管理等内容，有助于对无人机进行有效溯源和监管；《低空目视飞行规则》则对低空飞行的目视飞行条件、飞行路线规划、避让规则等作出了详细规定，确保低空目视飞行安全有序
地方性法规 / 规章	各省（自治区、直辖市）结合本地低空经济发展的实际需求和地理环境特点制定的细则，能够有效解决区域性问题，使监管更贴合地方实际情况	《深圳市低空经济管理条例》，充分考虑了深圳作为科技创新城市，其低空飞行活动活跃且多样化的特点，对空域划设、飞行服务保障、应急处置等方面作出了具有地方特点的规定；《湖南省无人机飞行管理办法》则针对湖南省多山地、多景区的特点，对景区低空飞行、山区低空作业等提出了特殊的监管要求，确保低空飞行活动与地方生态保护、旅游发展相协调

4.1.2 标准构成：标准体系的具体内容

标准体系是法规体系的重要补充，它聚焦技术规范和操作要求，为低空飞行活动提供了具体的技术指引和质量标准，确保了飞行活动的安全性和规范性。标准体系由图 4-1 所示的四个部分构成。

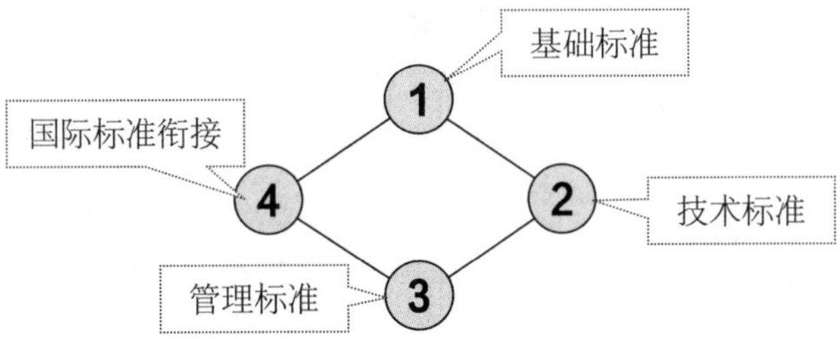

图 4-1 标准体系的构成

4.1.2.1 基础标准

主要包括低空飞行的术语定义、飞行高度分类以及通用安全要求等内容，如图 4-2 所示。

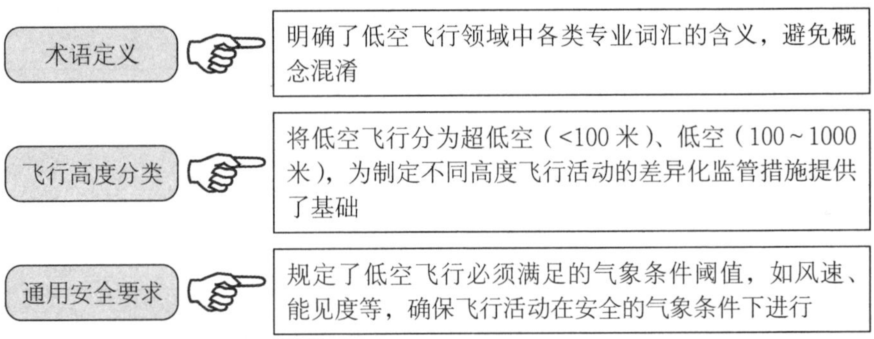

图 4-2 基础标准的内容

4.1.2.2 技术标准

涵盖了飞行器适航标准、设备标准和通信标准等内容，如图 4-3 所示。

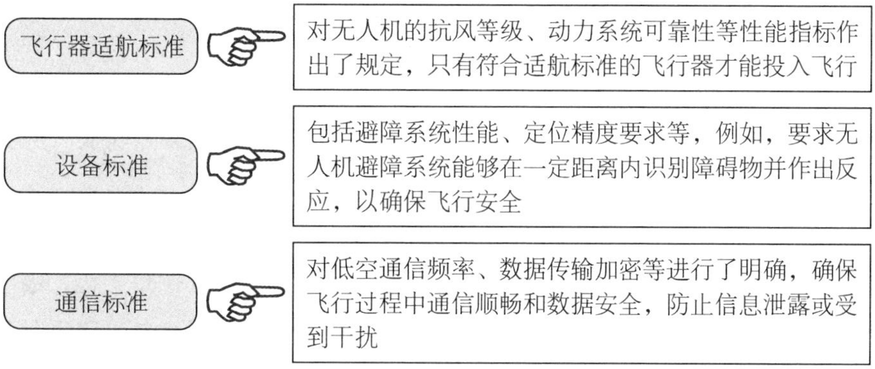

图 4-3　技术标准的内容

4.1.2.3　管理标准

管理标准涉及飞行场地标准、人员培训标准和应急处置标准等方面，如图 4-4 所示。

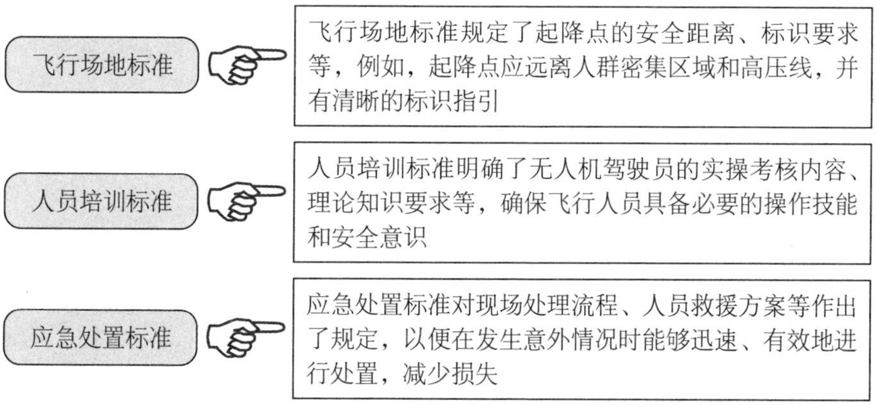

图 4-4　管理标准的内容

4.1.2.4　国际标准衔接

在全球化背景下，低空飞行活动呈现跨境趋势，因此需要参考国际民航组织（ICAO）的《无人机系统操作手册》、美国联邦航空局（FAA）的低空飞行规则等国际标准，确保我国低空飞行标准与国际标准相协调，促进低空飞行活动的国际化交流与合作，避免因标准差异导致跨境飞行活动出现合规性问题。

例如，2022 年某市一名无人机爱好者在未取得相应资质且未进行实名登记的情况下，操控无人机闯入机场净空区，导致多架航班延误。依据《无人驾驶航空器飞行管理暂行条例》及相关部门规章，该爱好者被处以罚款，并被纳入诚信黑名单。

2023 年，某快递公司使用无人机执行跨省快递运输业务时，因未遵守相关国际通信标准，导致无人机在边境地区与境外飞行器发生通信干扰，险些引发碰撞事故。事后调查发现，该公司所使用的无人机通信频率与国际通用的跨境低空飞行通信频率存在冲突，且未按照国际标准对数据传输进行加密处理。

综上所述，低空飞行安全监管的法规与标准体系是一个多层次、多维度的有机整体。法规体系从法律层面明确了各方的权利、义务和行为边界，为监管提供了坚实的法律依据；标准体系则从技术和操作层面提出了具体要求，确保了飞行活动的安全性和规范性。两者相互配合、缺一不可，共同为低空飞行活动构筑了一道坚实的安全防线。随着低空经济的不断发展，低空飞行活动将更加多样化和复杂化，法规与标准体系也需要不断更新和完善，以适应新的发展需求，为低空飞行安全提供持续、有效的保障，推动低空经济健康、可持续发展。

4.2 安全管控手段：飞行安全检查

飞行安全检查是低空飞行安全监管体系中承上启下的关键环节，将法规与标准体系落到了实处。它如同一张严密的“安全网”，通过标准化的流程贯穿于低空飞行的“事前 - 事中 - 事后”全链条，能够及时发现并纠正飞行活动中的违规行为和安全隐患，有效防范安全事故发生。无论是对飞行运营企业的常态化检查，还是对个人飞行者的随机抽查，都能促使飞行主体严格遵守相关规定，确保低空飞行活动始终在合规、安全的轨道上进行。

4.2.1 检查实施：规范操作流程

飞行安全检查流程是经过长期实践总结而成的标准化操作规范，每个阶段都有明确的目标和具体的操作要求，各阶段相互衔接、紧密配合，共同构成了一个完整的闭环。

4.2.1.1　检查准备阶段

这一阶段是整个检查工作的基础，充分的准备能够确保检查工作有序、高效地开展。

（1）明确检查对象和检查依据

检查对象需根据实际监管要求而定，既可以是从事低空飞行运营的企业，其拥有多架飞行器和固定的飞行团队，是安全检查的重点对象；也可以是个人飞行者，尤其是那些使用小型无人机进行娱乐或小型作业的个人；还可以是特定的空域，如机场周边的低空区域、城市核心区的低空范围等。检查工作应严格遵循法规与标准体系，确保有法可依、有标可循。例如，检查无人机运营企业的依据是《无人驾驶航空器飞行管理暂行条例》以及相关的部门规章和技术标准。

（2）制定检查方案

检查方案通常包括三个方面，如图 4-5 所示。

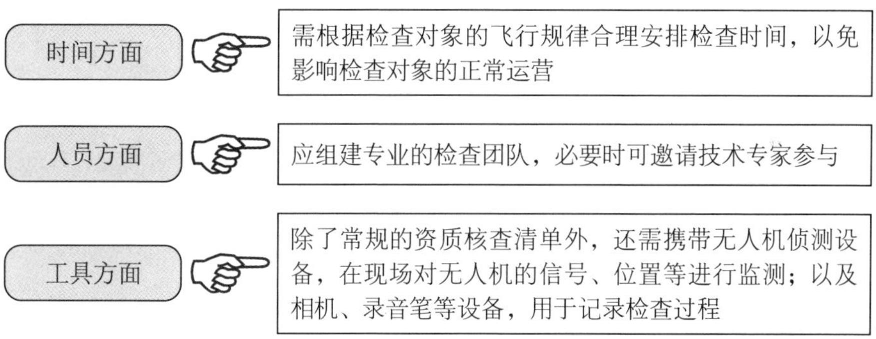

图 4-5　检查方案的三个方面

（3）通知被检查方

提前通知被检查方检查的时间、内容和要求，以便其做好相关准备工作，如整理所需资料、安排相关人员等。但对于一些特殊情况，如为了查处严重的违规行为、隐蔽的违规操作等，可进行突击检查，无须通知被检查方，以确保检查结果的真实性和有效性。

4.2.1.2 现场检查阶段

这是检查工作的核心环节，通过现场检查，可全面了解被检查对象的飞行安全状况，具体内容如表 4-2 所示。

表 4-2 现场检查的内容

序号	检查范围	检查内容
1	资料核查	检查人员需仔细核对各类资料（真实性、有效性和完整性）： （1）飞行人员执照是证明飞行人员具备操作资格的重要凭证，需核对执照的有效期、准驾机型等信息 （2）飞行器适航证是飞行器能够合法飞行的前提，要检查其是否在有效期内、是否与飞行器的实际情况相符 （3）空域使用批复文件明确了飞行空域的范围和使用时间，需检查飞行活动是否在批复的范围内 （4）飞行计划报备记录则反映了飞行活动的计划性和合规性，要查看报备的内容是否完整、是否与实际飞行情况一致
2	设备检查	对飞行器的状态进行全面查验： （1）电池续航能力直接影响飞行安全，需检查电池的老化程度、实际续航测试数据等 （2）通信链路是飞行器与地面控制中心保持联系的关键，要测试通信信号的稳定性、抗干扰能力 （3）避障设备校准记录能反映设备是否处于正常工作状态，需确认校准的时间、结果是否符合要求 （4）地面保障设施同样不容忽视，起降跑道的平整度会影响飞行器的起降安全 （5）应急救援设备如急救箱、灭火器等的数量和完好程度，影响着事故发生时的救援效果
3	操作核查	（1）检查飞行前的准备流程，如是否对气象条件进行了准确评估，航线规划是否避开了禁飞区和障碍物等 （2）通过模拟操作，测试应急返航等关键操作的可靠性，确保在紧急情况下能够正常使用 （3）全程跟踪飞行过程，检查其是否严格遵循报备的计划，包括飞行路线、高度、时间等

4.2.1.3 检查处理阶段

这一阶段是对检查结果的总结和处置。

（1）当场反馈问题

检查人员在检查结束后，应向被检查方详细说明所发现的问题或安全隐患，并将这些内容准确、完整地记录在检查记录表中，由双方签字确认，以作为后续处理的依据。

（2）分类处置

根据问题的严重程度采取不同的处置措施，如图 4-6 所示。

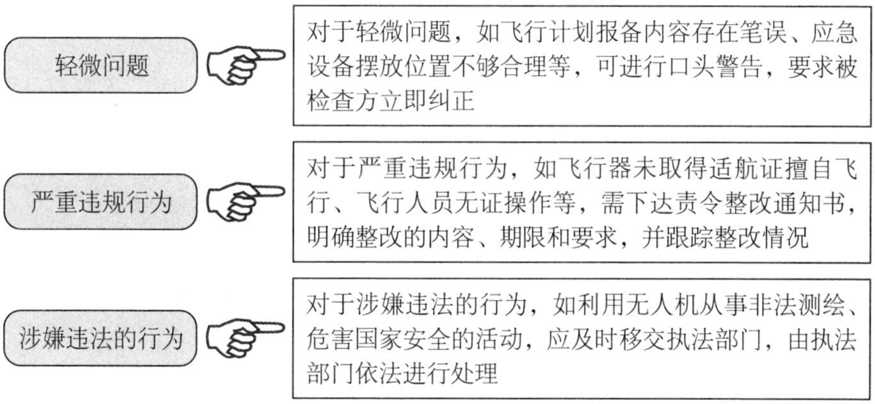

图 4-6　不同问题的处置措施

4.2.2　检查重点：明确检查要点

检查要点是飞行安全检查重点关注的内容，涵盖影响低空飞行安全的关键因素，如图 4-7 所示。

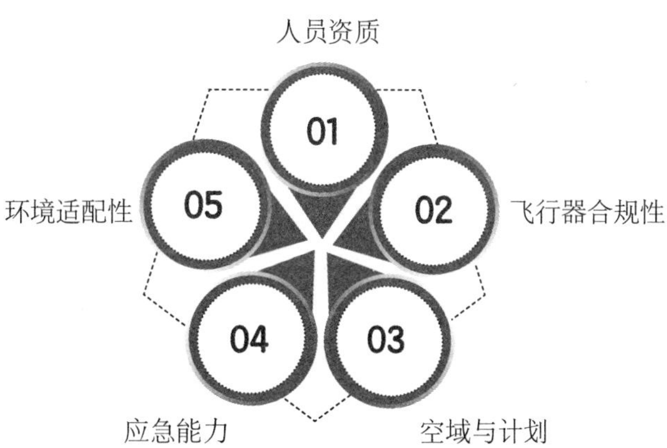

图 4-7　飞行安全检查的重点

4.2.2.1 人员资质

飞行人员的能力和资质是确保飞行安全的首要因素。

（1）无人机驾驶员需通过 AOPA 认证取得相应的执照，检查人员要确认执照的真实性和有效性，查看其是否在有效期内，准驾机型是否与实际操作的飞行器相符。

（2）飞行人员需要定期参加复训，以更新知识和技能，适应不断变化的飞行环境，检查人员要检查复训记录是否完整、合格。

（3）此外，要严厉查处“无证代飞”现象，这种行为严重违反了安全规定，极易引发安全事故。

4.2.2.2 飞行器合规性

飞行器的合规性是安全飞行的基础。

（1）所有飞行器都必须完成实名制登记，检查时要核对登记信息与飞行器实际信息是否一致。

（2）适航标识是飞行器符合适航标准的重要标志，需检查标识是否清晰、完整，是否与适航证相符。

（3）对于飞行器的改装，如加装载荷等，必须经过相关部门的审批，要检查审批文件是否齐全、改装是否符合安全要求。

4.2.2.3 空域与计划

严格遵守空域使用规定和飞行计划是维护飞行秩序的关键。

（1）飞行活动必须在批准的空域和时间段内进行，不得擅自超出范围。

（2）飞行计划应提前向空管部门报备，需检查报备的及时性和完整性。

（3）“黑飞”（即未报备擅自飞行）是严重的违规行为，会对空域安全造成极大威胁，必须坚决查处。

4.2.2.4 应急能力

良好的应急能力能够在发生意外情况时最大限度地减少损失。

（1）飞行主体应制定完善的应急预案，涵盖失控坠机、电池起火等各种可能出现的情况。检查人员需检查预案的合理性和可操作性。

（2）应急设备如降落伞、灭火器材等必须齐全且完好有效，应检查设备的数量、型号是否符合要求，是否在有效期内。

（3）操作人员要熟练掌握应急处置流程，通过现场提问、模拟演练等方式检查他们的熟悉程度。

4.2.2.5　环境适配性

飞行活动与环境的适配性直接影响飞行安全。

（1）飞行区域必须避开禁飞区，如机场净空区、军事管理区等，因为这些区域对飞行安全有特殊要求，擅自进入会引发严重后果。

（2）气象条件是影响飞行的重要因素，风速、能见度等必须符合飞行器的抗风等级和飞行标准。检查时要查看实时气象数据以及飞行前的气象评估报告，确认飞行活动是否在安全的气象条件下进行。

例如，2024 年检查人员对某低空旅游公司进行飞行安全检查时发现，该公司部分飞行员的复训记录不全，其中一名飞行员的执照已过期半个月，仍在执行飞行任务。两架用于旅游飞行的无人机避障设备校准记录超过了规定的校准周期，且地面应急救援设备中的灭火器有两瓶已过期。在某次飞行中，临时接到增加游客的请求，未重新报备飞行计划就擅自增加了飞行架次。针对这些问题，检查人员当场下达了责令整改通知书，要求该公司立即停止违规飞行活动，对执照过期的飞行员进行停飞处理，组织相关人员补训并重新考取执照；对无人机避障设备进行重新校准，更换过期的灭火器；同时完善飞行计划报备流程。

有效的飞行安全检查能够切实提升低空飞行的安全性，为低空经济的健康发展保驾护航。在未来的低空飞行监管中，应不断优化检查流程，强化检查力度，确保每一次低空飞行活动都能安全、有序地进行。

4.3　风险防控环节：安全风险监测与评估

低空飞行所处的环境极为复杂，城市建筑的错落分布、空中电磁信号的相互干扰、鸟类的频繁活动等，都可能对飞行安全构成威胁。仅仅依靠事后的检查和处罚，难以从根本上防范风险。因此，建立一套完善的“监测－评估－预警”闭环管理体系至关重要。通过对低空飞行过程中的各类风险进行实时监测、科学评估，并及时发出预警信号，能够提前规避潜在危险，将安全隐患消除在萌芽状态，为低空飞行活动筑牢安全防线。

4.3.1 风险监测：安全风险监测手段

安全风险监测是及时发现潜在危险的前提，通过技术与非技术相结合的手段，全方位捕捉低空飞行中的风险信号。

4.3.1.1 技术监测

技术监测有图 4-8 所示的三个渠道。

低空监视系统

该系统是监测低空飞行动态的“千里眼”。其中，低空补盲雷达能够弥补常规雷达在低空区域的监测盲区，精准捕捉低空飞行器的位置、速度等信息；电子围栏则像一道无形的屏障，当飞行器接近或闯入禁飞区域时，它们能立即发出警报；无人机侦测基站可对未报备的飞行器进行识别，获取其ID和位置信息，实现对“黑飞”行为的有效监控。这些设备协同工作，实时追踪飞行动态，为监管部门提供全方位的空中态势画面

数据采集平台

它如同一个强大的“信息中枢”，将飞行器飞控数据（如飞行高度是否超出限制、速度是否异常、电池剩余电量能否完成飞行任务等），空管部门发布的临时禁飞通知，气象部门提供的实时风速、能见度等数据进行整合，形成一个动态更新的数据库。通过对这些数据进行分析，能够及时掌握影响飞行安全的各类因素的变化情况

视频监控

在机场周边、人群密集的城市广场、大型活动举办地等重点区域，部署高清摄像头，并结合AI识别技术，构建智能化的监控网络。AI技术能够自动识别飞行器的飞行轨迹，一旦发现出现“越界飞行”等违规行为，系统会自动发出预警，提醒监管人员及时介入处理

图 4-8　技术监测渠道

4.3.1.2 非技术监测

非技术监测包括两个方面，如下所示。

（1）社会监督

充分调动社会公众的热情参与低空飞行安全监管，开通 24 小时举报热线，如 12326 民航服务热线，方便公众举报违规飞行行为；开发“低空安全举报小程序”等线上举报平台，公众可通过上传照片、视频、文字描述等方式，反映所发现的问题。监管部门对收到的举报信息及时进行核查处理，并对有效举报给予适当奖励，以激发公众参与的积极性。

例如，某城市市民通过“低空安全举报小程序”举报：在市中心广场附近有不明无人机频繁飞行，存在安全隐患。监管部门接到举报后，利用无人机侦测基站快速锁定了该无人机的位置和 ID，并通过数据采集平台调取了该无人机的飞行记录。同时组织专家采用故障模式与影响分析（FMEA）法对其进行评估，发现该无人机未进行合规登记，且存在电池老化情况，有失控坠落的风险，一旦坠落在人群密集的广场，后果非常严重。据此，监管部门迅速出动，找到了无人机操作人员，并依据相关规定进行了处理，消除了安全隐患。

（2）行业联动

低空飞行安全监管涉及多个部门，通过建立部门间的信息共享机制，可实现行业联动。

例如，公安部门可提供辖区内的治安信息，协助排查潜在的人为干扰风险；气象部门能及时提供气象预报和预警信息，为飞行安全提供气象保障服务；林业部门则可以共享鸟类迁徙路线和活动区域信息，帮助飞行主体避开鸟类密集区域，减少飞行器与鸟类碰撞的风险。

4.3.2　风险分析：风险评估方法

风险评估是对监测到的风险进行科学分析和研判，通过定性与定量相结合的方法，确定风险等级，为采取应对措施提供依据。

4.3.2.1　定性评估

（1）专家评估法

专家评估法是指由航空领域的技术专家、气象专家、法律专家等组成评估团队，针对潜在的风险，如恶劣天气下的飞行风险、复杂地形中的飞行风险等，结合各自的专业知识和经验进行综合打分。根据打分结果，将风险划分为低、中、高三个等级。

例如，在暴雨天气下进行低空飞行，专家综合考虑能见度、风速、雷电等因素，评估其风险等级可能为高风险。

（2）故障模式与影响分析（FMEA）

系统梳理飞行器可能出现的各种故障模式，如电池短路、GPS 信号丢失、发动机故障等，并分析其发生的原因、可能造成的后果以及对飞行安全的影响程度。

比如，电池短路可能导致飞行器突然失控坠落，如果坠落在人群密集区域，会造成人员伤亡，属于严重影响。

4.3.2.2 定量评估

（1）风险矩阵法

从“风险发生概率”和“影响程度”两个维度构建矩阵。风险发生概率可以通过历史数据统计确定，如某类风险每年发生一次或每月发生一次；影响程度则从经济损失、人员伤亡、社会影响等方面进行量化评估。根据两个维度的组合，将风险划分为“可接受”“需管控”“不可接受”三个等级。

例如，飞行器设备轻微损坏，发生概率低且经济损失小，属于可接受风险；飞行器短时失联，可能影响飞行任务但不会造成严重后果，属于需管控风险；而坠机致人死亡，发生概率虽不高，但影响极其严重，属于不可接受风险。

（2）概率风险评估（PRA）

基于大量的历史数据，如近三年的低空飞行事故统计数据，通过建立数学模型，计算风险发生的概率。

例如，“无人机失控坠机概率 = 失控次数 / 总飞行架次”，通过这种量化计算，能够更精准地掌握风险发生的可能性，为风险防控提供数据支持。

4.3.2.3　动态评估机制

风险评估并非一成不变，而是需要根据实时监测到的数据动态更新。当监测到突发情况，如原本晴朗的天气突然出现雷暴，那么原本为“低风险”的航线，风险等级应立即升为“高风险”。同时，评估系统会将预警信息同步推送至飞行方的控制终端和空管部门，提醒他们及时采取应对措施，如暂停飞行、更改航线等。

例如，有一年夏季，某地区计划开展低空旅游飞行活动。在活动前，低空监视系统监测到该区域未来几小时将有强对流天气出现，数据采集平台整合的气象数据显示风速将达到 10 级以上且能见度极低。运用风险矩阵法进行评估，该天气条件下的飞行风险极高，一旦发生事故，可能造成游客伤亡和重大经济损失，属于不可接受风险。动态评估机制立即将该区域的飞行风险等级升级为高风险，并将预警信息推送至旅游公司和空管部门。旅游公司随即取消了当日的飞行活动，避免了可能发生的安全事故。

4.4　违规处理机制：违规行为查处与整改

在低空飞行安全监管体系中，仅仅依靠法规标准的约束、安全检查的把关以及风险监测评估的预警是不够的，对于那些突破规则底线的违规行为，必须进行严格查处，同时建立完善的整改机制，形成“查处 - 整改 - 巩固”的闭环管理。这不仅能对违规行为进行惩戒，更是维护低空飞行秩序、保障公众生命财产安全的最后一道重要防线，能够促使飞行主体深刻认识到合规飞行的重要性，从根本上减少违规行为发生，为低空飞行活动营造安全、有序的环境。

4.4.1　违规界定：违规行为类型

常见的低空飞行违规行为多种多样，涵盖飞行活动的各个环节，对飞行安全可能造成不同程度的威胁。

4.4.1.1 资质类

这类违规行为主要涉及飞行主体和飞行器的资质问题，如图 4-9 所示。

违规行为	说明
无证飞行	无证飞行是指飞行人员未取得相应的飞行执照而擅自操作飞行器，这意味着操作人员可能缺乏必要的专业技能和安全知识，极易引发事故
使用过期执照	使用过期执照则表明飞行人员的资质未经过最新的审核和确认，其技能水平可能无法适应当前的飞行要求
飞行器未登记	飞行器未登记会导致监管部门无法对飞行器进行有效溯源和管理，一旦发生事故，难以追究责任

图 4-9 资质类违规行为

4.4.1.2 空域类

此类违规行为直接破坏了空域管理规则，如图 4-10 所示。

闯入禁飞区	超批准空域范围飞行
闯入禁飞区，如机场净空区，会严重干扰民航航班的安全起降，甚至可能引发碰撞事故，造成难以估量的损失	超批准空域范围飞行则可能侵占其他飞行主体的空域资源，增加空中碰撞的风险，从而扰乱正常的飞行秩序

图 4-10 空域类违规行为

4.4.1.3 操作类

操作环节的违规行为往往是导致飞行事故的直接原因，如图 4-11 所示。

违规行为	说明
未报备飞行计划	未报备飞行计划使得监管部门无法掌握飞行活动的具体情况，难以进行有效的空中交通调配和安全监控
擅自改变航线	擅自改变航线可能使飞行器进入未知的危险区域，如恶劣天气区域、障碍物密集区域等

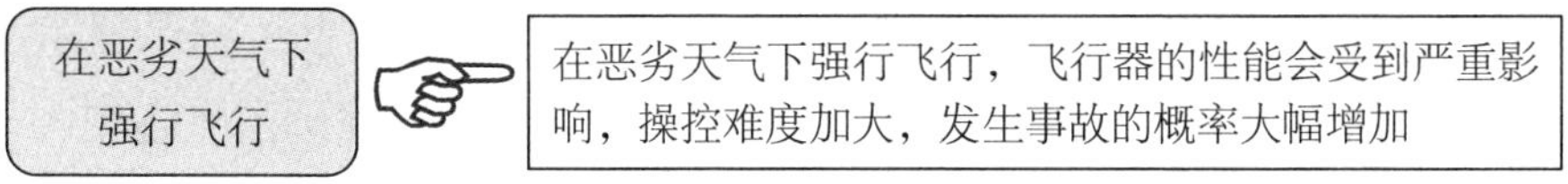

图 4-11　操作类违规行为

4.4.1.4　设备类

设备类违规行为直接削弱了安全飞行的基础保障，如图 4-12 所示。

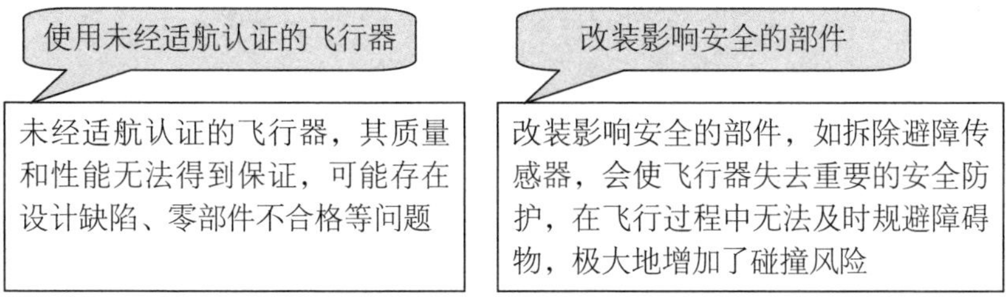

图 4-12　设备类违规行为

4.4.2　处理流程：违规行为查处

查处低空飞行违规行为是一项严谨的工作，需要制定规范的流程，确保每一起违规行为都能得到公正、合理的处理。

4.4.2.1　调查取证

（1）现场固定证据

当发现违规飞行行为时，执法人员应第一时间利用无人机侦测系统对违规飞行轨迹进行记录，同时通过高清摄像机拍摄违规飞行视频，清晰记录飞行器型号、飞行路线、所处位置等关键信息。如果发生了坠机事故，要及时收集飞行器残骸，作为重要的物证。

例如，在一起无人机坠机伤人事件中，执法人员通过现场收集的无人机残骸，推断出事故发生的原因，为后续的责任认定提供了依据。

（2）数据调取

执法人员可以从空管平台调取飞行器的飞行计划报备情况，确认是否存在未报备飞行的违规行为；从飞行器的飞控系统中提取飞行事故记录器（黑匣子）数据，包含飞行高度、速度、飞行时间等详细信息，准确还原违规飞行的全过程，如是否存在超高度飞行、偏离航线等情况。

（3）询问当事人

找到违规飞行的当事人后，要进行详细的询问，了解其违规的动机和原因，是对相关法规不了解，不知道相关空域是禁飞区；还是明知故犯，故意规避监管。不同的动机和原因，后续的处罚和教育会有所区别，对于因不知情而违规的人员，在处罚的同时要加强法规教育；对于故意违规的，则要从严处罚。

4.4.2.2 认定与处罚

（1）依据法规定性

根据调查获得的证据，对照相关法律法规，对违规行为进行定性。

例如，《无人驾驶航空器飞行管理暂行条例》明确规定，对“黑飞”行为可处 2000～10 万元罚款。如果违规行为情节严重，如无人机闯入机场净空区危及民航航班的飞行安全，则有可能属于《中华人民共和国刑法》中的“危险驾驶罪”，需要追究当事人的刑事责任。

（2）分级处罚

对不同的违规主体和违规情节，采取分级处罚的方式，如图 4-13 所示。

个人飞行者违规行为

对于个人飞行者，一般以警告、罚款为主，通过经济处罚和口头警示的方式促使其改正错误

企业违规行为

对于企业违规，尤其是多次发生严重违规行为的企业，可采取暂扣运营资质的处罚措施，使其在一定期限内无法开展飞行运营活动；情节极其严重的，将其纳入行业黑名单，限制其在低空行业发展

图 4-13 不同违规主体的分级处罚措施

4.4.3 问题解决：违规行为整改

查处违规行为并非最终目的，而是通过有效的整改机制，促使违规主体纠

正错误行为，消除安全隐患，防止类似行为再次发生。

4.4.3.1 限期整改

在对违规行为进行认定和处罚的同时，执法部门要向违规方下达整改通知书，明确列出：

（1）需要整改的内容，如未报备飞行计划、使用不合规的设备等。

（2）规定整改的期限，确保违规方按时完成整改。

（3）明确验收标准，让违规方清楚整改到什么程度才算合格。

4.4.3.2 复查验收

整改结束后，执法部门要组织人员对照整改通知书的要求和验收标准，检查违规方的整改情况。如果整改达标，则确认其整改合格。如果未达标，要根据具体情况进行处罚，例如，个人飞行者未按要求取得飞行执照的，可吊销其已有的相关证件；企业未完成设备更换的，可延长其运营资质暂扣时间。

4.4.3.3 长效约束

将违规主体的违规行为纳入社会信用体系，实现信用联合惩戒。对于企业来说，违规记录可能会影响其参与政府项目招投标、获得银行贷款等事项；对于个人来说，可能会影响其信用卡申请、房贷审批等。对于多次违规、屡教不改的主体，实施“行业禁入”措施，禁止其在一定期限内甚至永久从事低空飞行相关活动。

4.4.3.4 警示教育

执法部门可通过官网、新闻媒体等渠道通报典型的违规案例，如某无人机闯入机场致航班延误，详细介绍案例的违规事实、处罚结果和整改情况，让其他飞行主体从中吸取教训。同时，组织行业培训，邀请专家讲解相关法规和安全飞行知识，强化飞行主体的合规意识，从源头上减少违规行为的发生。

例如，2023 年，某物流企业为了赶时间，在未向空管部门报备飞行计划的情况下，擅自使用无人机进行货物运输，飞行中闯入了机场净空区，导致多架民航航班延误。执法部门接到举报后，立即启动查处流程。通过无人机侦测系统记录了该无人机的飞行轨迹，从空管平台调取了其未报备的记录，同时对该企业的负责人进行了询问，确认其是故意规避监管。依据《无人驾驶航空器飞行管理暂行条例》和《中华人民共和国刑法》的相关规定，该企业被处以5万元罚款，负责人因涉嫌危险驾驶罪被立案调查。随后，执法部门向该企业下达了整改通知书，要求其补充飞行计划报备，组织全体员工参加法规培训，并限期一个月完成整改。一个月后，执法部门进行复查验收，确认该企业已完成整改，完善了报备流程，员工也通过了法规考核。同时，该企业的违规记录被纳入信用体系，使其无法参与当年的政府物流项目招投标。执法部门还将该案例在官网上进行了通报，组织当地物流企业进行安全培训，起到了很好的警示教育作用。

违规行为查处与整改机制是低空飞行安全监管体系中不可或缺的重要组成部分，它既能对违规行为进行严厉惩处，又通过有效的整改措施促使违规主体规范自身行为。

章后思考

1. 安全监管法规体系的不同层级在低空飞行安全监管中分别发挥着怎样的作用？

2. 明确飞行安全检查的要点为何能有效保障低空飞行安全？请举例说明。

3. 多种安全风险监测手段结合使用，与单一手段相比有哪些优势？

4. 在实际应用中，哪种风险评估方法更适合低空飞行安全风险的评估？原因是什么？

5. 常见的低空飞行违规行为有哪些？这些行为可能带来哪些安全隐患？

6. 违规行为的查处流程如何体现公平性和高效性？

7. 整改机制在防止低空飞行安全事故再次发生方面，能起到怎样的作用？

第 5 章 低空经济设施设备安全保障

学习目标

1. 了解地面设施设备的类别及在低空活动中的作用。
2. 掌握空中设施设备的设计、维护要点及其“安全核心”地位。
3. 知晓设施设备安全保障体系构建的关键要素。

低空经济的蓬勃发展离不开各类设施设备的稳定运行，从地面起降场的通信系统到空中航空器的导航设备，每一个环节都直接关系着飞行活动的成败与人员财产安全。应构建全链条的设施设备安全保障体系，兼顾硬件可靠性、运维规范性和风险预判能力，为低空飞行活动筑牢“物理防线”。

5.1 地面设施定位：低空活动的“安全基石”

地面设施设备是低空飞行活动的“第一防线”，对飞行的全过程提供保障支持。其安全性能直接决定了低空飞行从“启动”到“落地”的基础风险水平。作为低空交通网络的核心节点，地面设施需满足“硬件可靠、流程规范、响应及时”的多重要求，为航空器提供安全的起降环境、精准的导航指引和实时的气象预警信息。以下从起降场地及配套设施、通信与导航系统、气象监测设备三个核心维度展开详细说明。

5.1.1 基础场地：起降场地及配套设施

起降场地作为低空航空器与地面的连接枢纽，是保障飞行安全的重要设施。其设计是否科学、维护是否到位以及配套设备是否完善，都直接关系着航空器起降过程的安全系数。无论是具备标准化跑道的通用机场，还是为无人机提供服务的简易起降点，都必须坚守“基础安全无隐患、极端条件可应对”的底线。

5.1.1.1　场地基础：从场地平整度到净空区全维度管控

（1）跑道 / 起降区平整度

航空器在滑行或起降时，地面微小的凸起或凹陷，都可能致其剧烈颠簸。对于无人机而言，可能造成起落架断裂，影响飞行平衡；对于有人机，则可能造成轮胎爆胎等严重后果。为避免此类风险，需使用激光平整度检测仪每月对跑道进行一次全面检测，确保误差≤ 5 毫米。对于无人机起降点的水泥地面，每季度还需检查裂缝宽度，要求≤ 2 毫米，一旦发现裂缝超标，需及时用高强度密封胶填补，以防雨水渗入导致地基松动，进而影响场地平整度。

（2）净空区障碍物管控

净空区如同航空器起飞爬升和降落下滑的“安全通道”，任何障碍物的存在都可能对飞行安全构成威胁。

通用机场跑道两端 1500 米、两侧 300 米范围内，严禁新建高于障碍物限制面的建筑（30 米以上的塔吊等都在禁止之列），以保障大型航空器安全起降。

无人机起降点则需划分为三级净空区（如图 5-1 所示），进行精细化管理。

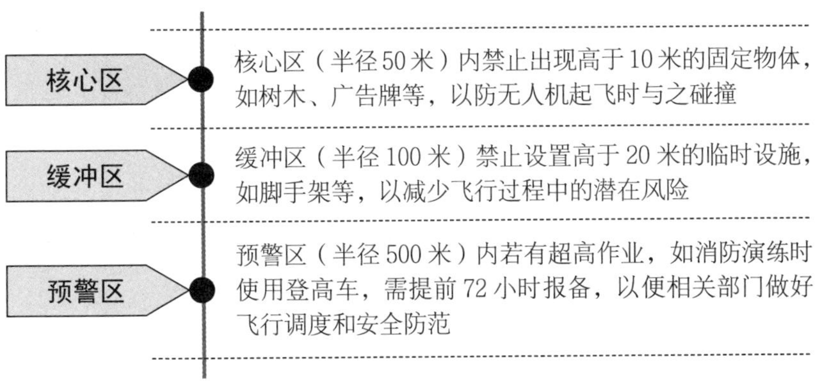

图 5-1　三级净空区

例如，某山区无人机起降点周边种了大量松树，由于树木生长迅速，3 个月内部分松树高度超过了 10 米，达到了核心区的限制标准。庆幸的是，该起降点通过每月一次的无人机航拍巡检及时发现了这一问题，并迅速组织人员修剪树枝，避免了无人机起飞时螺旋桨与树枝碰撞的风险，保障了飞行活动的安全。

5.1.1.2 保障设备：设备配置与日常运维的双重支撑

（1）系留装置

航空器停放在地面时，需抵御强风的冲击，系留装置的强度至关重要。通用机场停机位的系留桩可用 Q345 高强度钢材制作，抗拉强度≥ 345 兆帕，足以承受 12 级阵风（风速 32.7 米 / 秒）的冲击力；无人机起降点的便携式系留绳则可以选用凯夫拉材质，每根承重≥ 500 千克，且每半年需进行一次拉力测试，要求断裂强度达到保留设计值的 80% 以上，确保在强风天气下能牢牢固定航空器。

（2）地面供电系统

无人机充电对电力供应的稳定性要求极高，电压波动若超过 ±5%，则可能损坏无人机的电池充放电模块，不仅会缩短电池寿命，严重时还能引发起火事故。因此，供电系统必须配备智能稳压装置，响应时间≤ 0.01 秒，能快速稳定电压；同时安装浪涌保护器，耐流≥ 20 千安，有效防止雷雨天气电磁脉冲的干扰。此外，备用发电机需每周启动一次，每次运行 30 分钟，以保证断电时能在 10 秒内切换供电，确保无人机充电不中断。

例如，2023 年某沿海城市无人机物流枢纽在台风季来临前，对停机坪系留装置开展了专项检测。通过模拟 10 级风荷载（风速 25 米 / 秒）的拉力测试发现，30% 的系留绳连接卡扣存在磨损，承重能力降至设计标准的 70%。为消除安全隐患，该枢纽将所有磨损的卡扣更换为不锈钢卡扣，并增加了双重锁止结构。在台风“苏拉”过境期间，这些改进措施发挥了重要作用，成功保护了 20 架无人机不受损坏，确保了物流运输正常运转。

5.1.2 通信导航：通信与导航系统

低空飞行环境复杂多变，城市的高楼遮挡、山区的信号盲区等因素，都可能导致通信中断或导航偏差，进而引发航空器失控的风险。因此，通信与导航系统必须采用“多重冗余设计 + 动态修正机制”，以确保数据传输不中断、定位精度不降级。

5.1.2.1　通信链路：主备协同的无缝切换

（1）双频段冗余

核心通信链路应采用“4G/5G 为主、北斗短报文为辅”的双模式设计。4G/5G 主要负责高清视频传输和实时指令交互，延迟≤ 200 毫秒，能满足城市及平原地区的通信需求；而北斗短报文则作为备份，在遇到高楼遮挡或信号干扰（如电磁屏蔽区）等情况时自动启动，支持文字指令传输，单次报文长度≤ 140 字节。通过这种双模式设计，可确保无人机与地面站的通信中断时间≤ 10 秒。若超过 10 秒，航空器将自动触发预设程序，如沿原航线返航、就近迫降等，以保障飞行安全。

（2）抗干扰措施

在机场周边 5 千米范围内，设置无线电监测站，实时监测非法干扰信号，如无人机“黑飞”干扰器等。一旦发现频率冲突，通信系统能在 2 秒内快速切换至备用频段，如从 1.4G 赫兹切换至 2.4G 赫兹，从而保障正常通信，避免因信号干扰导致的飞行事故。

例如，某城市无人机配送试点区域商圈密集，4G 信号常常出现拥堵现象，导致通信延迟多次超过 500 毫秒，严重影响了配送效率和安全性。为解决这一问题，该试点部署了小型 5G 基站，覆盖半径达 500 米，并启动了“4G/5G 自适应切换”功能。通过这些措施，该试点通信稳定性提升至 99.9%，再也没有发生因信号问题导致的配送中断情况，极大地提高了配送服务的质量。

5.1.2.2　导航设备：多系统融合的高精度保障

（1）多系统定位融合

单一卫星导航系统容易受到遮挡或星历误差的影响，导致定位出现偏差。为提高定位精度，需融合北斗、GPS、GLONASS 三大系统的信号，通过专业算法进行加权计算，得出航空器的位置信息，确保单点定位精度≤ 1 米（95% 置信度）。对于无人机测绘等高精度需求场景，还需接入伽利略系统，进一步将定位误差控制在 0.5 米以内。

（2）地面差分基站修正

在山区、峡谷等地形复杂区域，卫星信号容易受到干扰，定位误差较大。为此，需布设地面差分基站，通过实时发送差分信号（更新频率1赫兹）来修正卫星定位误差。

例如，某景区低空游览航线全长10千米，途经3处山谷，在未启用差分基站时，定位误差高达3米，存在极大的撞山风险；后来景区在山顶布设了2个差分基站，航空器通过实时接收伪距修正量，使定位误差降至0.5米，确保航空器始终在航线中心 ±1 米的范围内飞行，有效保障了游客的安全。

（3）动态校验机制

为确保导航信号持续精准，导航设备需每小时与地面基准站进行一次精度校验。若偏差超过0.3米，设备立即触发告警机制，自动切换至备用导航模块，如惯性导航，直至偏差修正后再切换回主导航模块，以保障飞行过程中的导航精度。

5.1.3 监测设备：气象监测设备

低空天气环境具有“小范围、突发性”的特点，如城市热岛效应可能导致局部阵风，海陆风转换可能引发风速突变等，传统气象站的数据难以满足低空飞行的需求。因此，需布设高密度、高频次的地面气象监测设备，为低空飞行提供“分钟级、米级”的精准数据。

5.1.3.1 核心监测要素与设备性能标准

监测要素即对低空飞行影响最大的气象参数，具体如表5-1所示。

表5-1 监测要素

序号	要素	性能标准
1	10米高度风速	分辨率0.1米/秒，量程0～25米/秒，通过监测风速可判断航空器的抗风能力是否达标，避免在超出抗风范围的情况下飞行
2	能见度	精度10米，量程50～10000米，直接影响航空器的起降，如无人机目视飞行要求能见度≥500米

续表

序号	要素	性能标准
3	降水强度	分辨率 0.1 毫米 / 时，量程 0～100 毫米 / 时，可有效避免航空器在暴雨中飞行，防止设备短路
4	温度（分辨率 0.1℃）和湿度（分辨率 1%）	通过两者相结合可预判结露或结冰风险，例如，当湿度≥ 85% 且温度≤ 5℃时，无人机电池容易出现结露现象，从而影响飞行性能
5	设备可靠性	气象监测设备需“365 天连续运行测试”，确保平均无故障时间（MTBF）≥ 1000 小时，数据传输准确率≥ 99.9%。在低温环境（-20℃）下，传感器的响应时间需≤ 3 秒，以保证气象数据的有效性，为低空飞行提供可靠的气象参数

5.1.3.2　网格化监测与预警应用

在低空飞行活动中，小范围天气变化（如局部阵风、突发雾团、短时强降水）往往是引发安全事故的关键因素。这些天气现象空间范围小（可能仅覆盖数百米区域）、持续时间短（从几分钟到几十分钟），传统的单一气象站难以精准捕捉。为此，可采用“骨干站 + 微型站”的网格化布局，通过高密度、多维度的监测网络，实现对低空天气环境的“米级感知、分钟级响应”，为低空飞行提供精细化的气象服务支持。

（1）“骨干站 + 微型站”的布局逻辑与技术特征

网格化监测的核心是通过不同层级站点的功能互补，构建“宏观把控 + 微观聚焦”的监测体系，既能掌握区域天气整体趋势，又能捕捉局部细微变化。“骨干站 + 微型站”的布局逻辑与技术特征如表 5-2 所示。

表 5-2　“骨干站 + 微型站”的布局逻辑与技术特征

项目	骨干站：区域气象趋势的“锚点”	微型站：小范围变化的“探测器”
布设密度	根据地形复杂度布设，平原地区每 50～100 平方千米布设 1 个，山区、城市建成区每 20～30 平方千米布设 1 个，确保对区域气象场（如温度场、气压场）的整体覆盖	在低空飞行密集区（如机场周边、航线沿线、景区）加密布设，间距通常为 300～500 米，形成“百米级”监测网格。例如： 城市低空物流航线沿线，每 300 米在路灯杆、楼顶等位置安装 1 个微型站 山区游览航线周边，沿山脊、山谷每隔 500 米布设 1 个，以捕捉地形变化

续表

项目	骨干站：区域气象趋势的“锚点”	微型站：小范围变化的“探测器”
监测能力	配备高精度气象传感器，可测量风速（0~60米/秒，分辨率0.1米/秒）、风向（0°~360°，分辨率1°）、温度（-40~60℃，精度±0.2℃）、湿度（0~100%RH，精度±2%）、降水（0~200毫米/时，分辨率0.1毫米）等要素，数据采样频率为1次/分，连续运行365天无故障	体积小巧（重量≤1千克）、功耗低（支持太阳能供电），重点监测对低空飞行影响大的要素：10米高度风速（分辨率0.1米/秒）、能见度（50~10000米，精度10米）、近地面湿度（用于预判结露），数据采样频率提升至1次/10秒，以确保捕捉瞬时变化
核心作用	提供区域气象背景数据，作为微型站数据校准的基准，例如，通过骨干站的温度数据，修正微型站因局部热源（如建筑物散热）导致的测量偏差	感知局部天气的异常，如建筑物之间的“穿堂风”（风速较周边突增3~5米/秒）、河流沿岸的“水陆风环流”（日间风从水面吹向陆地，夜间则反向）

微型站数据每隔10秒上传一次云端平台，以便与骨干站数据进行实时比对校准（如微型站风速与5千米外骨干站偏差超过2米/秒时，自动启动误差修正算法）。

平台通过空间插值算法（如克里金插值），将离散站点数据转化为连续的气象场分布图（分辨率5米×5米），直观呈现小范围天气变化的空间分布。

（2）数据处理与预警机制：从“监测”到“决策”的转化

网格化监测的价值不仅在于数据采集，更在于通过智能分析生成可直接指导飞行的预警信息，实现“监测-分析-预警-处置”的闭环。

① 数据融合与异常识别

采用“时空关联分析”算法，识别小范围天气异常，如图5-2所示。

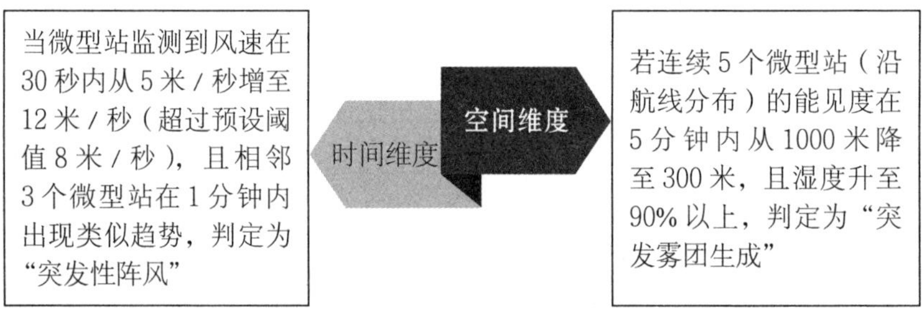

图5-2 “时空关联分析”算法

结合历史数据建立模型，例如，通过分析三年数据发现，某区域夏季午后（14:00~16:00），当微型站监测到温度≥35℃、湿度≥70%时，2小时内出现短时雷暴的概率达 65%，可据此设置预警触发条件。

② 分级预警与精准推送

根据影响程度将预警分为三级，如图 5-3 所示。

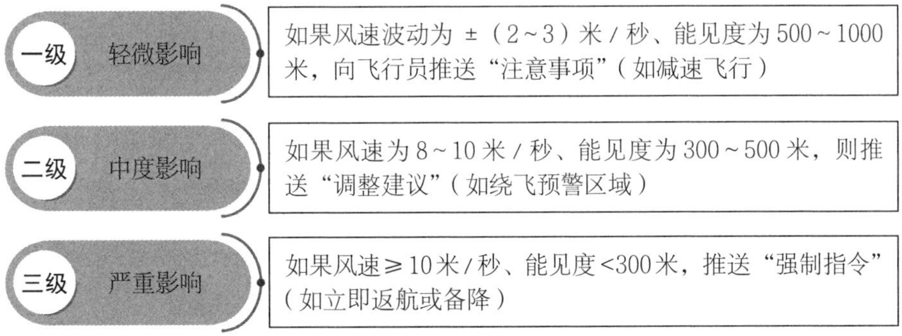

图 5-3　预警的三个级别

基于航空器的实时位置和航线，实现“靶向推送”，仅向进入预警区域 5 千米范围内的航空器发送预警，避免无关信息干扰。例如，某无人机配送航线途经 A、B、C 三个区域，当 B 区域触发二级预警时，仅向即将进入 B 区域的 3 架无人机推送绕飞指令。

③ 预警时效与联动响应

小范围天气预警的提前量通常为 3～10 分钟，具体取决于气象现象类型：突发阵风提前 3～5 分钟，雾团生成提前 5～8 分钟，短时降水提前 8～10 分钟。

同时与低空管制系统联动，例如，当某区域触发三级预警时，管制系统自动划定临时禁飞区，暂停该区域内所有起降活动，并为已在空中的航空器规划避绕航线。

例如，

城市低空物流场景

某一线城市在核心商圈（50 平方千米）布设了 200 个微型站（间距 300～500 米）和 5 个骨干站，构建网格化监测网络。

2024 年夏季，微型站监测到某区域写字楼群之间的风速在 1 分钟内从 4 米 / 秒增至 11 米 / 秒（因峡谷效应引发），系统立即向途经该区域的 6 架配送无人机推送二级预警信息，建议其将飞行高度升至 100 米（避开低空强风层）。最终所有无人机均安全通过，未发生偏航或坠机。

冬季清晨易出现局部雾团，微型站数据可提前 8 分钟预警，调度中心据此调整了 7 架无人机的起飞时间，避免了因能见度不足导致的延误。

山区低空游览场景

某山区景区（面积 20 平方千米，海拔落差 800 米）沿游览航线布设了 80 个微型站（重点覆盖山谷、垭口等风切变易发区）和 3 个骨干站。

某日监测发现，某垭口在午后因地形加热形成“下坡风”，风速从 3 米 / 秒骤增至 9 米 / 秒，且风向多变（偏差 ±30°）。系统通过分析，提前 5 分钟向即将飞越该垭口的游览直升机推送预警信息。飞行员据此调整航线，绕行至风速稳定的山脊另一侧，避免了航空器颠簸。

2023 年秋季，微型站捕捉到一片山谷的能见度在 10 分钟内从 2000 米降至 400 米（因地形雾生成），预警系统立即触发三级响应。管制中心指导该区域内 2 架直升机就近备降，未造成安全事故。

沿海低空作业场景

深圳湾某无人机起降场周边 5 千米范围内，布设了 30 个微型站（沿海岸线每 200 米 1 个）和 2 个骨干站，重点监测海陆风转换。

监测数据显示，每日上午 9:00～10:00，海风开始取代陆风，风速从 2 米 / 秒增至 6 米 / 秒，且离岸 100 米处的风速比岸边高 2～3 米 / 秒。基于此，运营方调整了无人机起飞时间，避开风速转换的不稳定期，并要求近海飞行的无人机将抗风等级从 6 级提升至 7 级。2024 年该区域无人机因海风突变导致故障的发生率下降了 70%。

通过对起降场地及配套设施、通信与导航系统、气象监测设备的精细化管理，可构建起“预防 - 监测 - 应对”的全链条安全保障体系，为低空飞行活动筑牢“第一道防线”。未来，还需不断提升地面设施的安全冗余，以满足低空经济多样化的发展需求，推动低空飞行活动更加安全、高效地开展。

5.2 空中设施定位：航空器的“安全核心”

航空器（含有人机、无人机）作为低空经济的核心载体，其自身设备的可靠性直接影响飞行活动的安全底线。从机身结构到动力系统，从导航设备到应急装置，每一个部件的性能都关乎飞行安全。因此，需从设计、维护、应急等维度，构建空中设施设备的安全保障体系，确保航空器在复杂低空环境中具备“抗风险、能预警、可应急”的综合能力。

5.2.1　设计标准：航空器本体安全设计要求

航空器的安全性能首先取决于安全设计标准。无论是有人驾驶的轻型飞机，还是自主飞行的无人机，都需满足“强度达标、冗余可靠、环境适配”的核心要求。航空器本体安全设计标准如表 5-3 所示。

表 5-3　航空器本体安全设计标准

<table>
<tr><th>设计点</th><th colspan="2">安全设计标准</th></tr>
<tr><td>结构强度与材料性能</td><td colspan="2">机身材料需兼顾轻量化与高强度，有人机机身主要采用航空铝合金（如 7075-T6），抗拉强度≥ 540 兆帕，可承受 6g（重力加速度）过载（约 60 米 / 平方秒加速度）；无人机则多使用碳纤维复合材料，比强度（强度 / 密度）≥ 1500 兆帕·立方米 / 千克，在重量减轻 30% 的同时，抗冲击性能优于传统金属材料（如抵御 1 千克鸟类以 50 千米 / 时速度撞击时无结构性断裂）</td></tr>
<tr><td rowspan="3">关键部件</td><td>机翼 / 螺旋桨</td><td>需通过疲劳测试，模拟 10 万次起降循环后无裂纹（无人机螺旋桨每旋转 1000 小时叶片变形量≤ 0.5 毫米）</td></tr>
<tr><td>起落架</td><td>采用缓冲结构，满载情况下从 1.5 米高处坠落时，冲击加速度≤ 30g（重力加速度），以免机身核心部件受损</td></tr>
<tr><td>舱体（有人机）</td><td>挡风玻璃能承受 1.8 千克冰雹以 230 千米 / 时速度的撞击，舱门锁闭机构需具备双重锁止功能，在 8000 米高度保持气密性</td></tr>
<tr><td rowspan="2">动力系统冗余</td><td>有人机</td><td>采用双发或多发设计，单台发动机失效后，剩余动力需满足维持平飞的最低要求（如双发飞机单发失效后，爬升率≥ 0.5 米 / 秒）。发动机需通过 1500 小时连续运行测试，空中停车率≤ 0.1 次 /1000 飞行小时</td></tr>
<tr><td>无人机</td><td>电池组采用“多电芯并联 + 热失控隔离”设计，例如，6S 锂电池（标称电压 22.2 伏）需包含 12 节以上电芯，单节电芯故障时，剩余电芯仍能提供 80% 额定功率；同时配备陶瓷涂层防火舱，在电芯短路起火时隔绝火焰扩散≥ 10 分钟，可为应急降落争取时间</td></tr>
<tr><td>极端环境适应性测试</td><td>全温区测试</td><td>在 -40℃（严寒）至 60℃（高温）环境下，连续运行 48 小时，动力系统输出功率衰减≤ 10%</td></tr>
</table>

续表

设计点	安全设计标准	
极端环境适应性测试	湿度测试	在相对湿度 95%（30℃）的条件下，电子元件绝缘电阻 ≥ 100 兆欧，可避免短路故障
	沙尘测试	在 PM10 浓度 50 毫克 / 立方米的沙尘暴环境下，发动机进气系统需配备高效过滤器，进气量损失 ≤ 5%，以确保正常燃烧

例如，某工业级无人机企业在产品定型前，将样机置于 -30℃低温箱中冷冻 24 小时，取出后立即进行飞行测试，发现电池续航能力下降 40%。通过改进电池预热系统（采用石墨烯加热膜，-30℃至 25℃的升温时间 ≤ 5 分钟），使低温环境下的续航稳定性提升至 85%，可满足北方冬季作业需求。

5.2.2 维护管理：全生命周期维护与检修

通过“日常检查 - 定期大修 - 故障追溯”的全周期管理，可及时发现设备老化、性能退化等问题，避免“小隐患”演变为“大事故”。应根据航空器的使用频率、环境条件和部件寿命，制定差异化的检修方案。

5.2.2.1 日常检查（飞行前 / 后）

日常检查包括飞行前和飞行后检查，如表 5-4 所示。

表 5-4 日常检查的内容

飞行前	飞行后
重点检查“可快速失效部件”的状态，包括： （1）动力系统：无人机电池电压差（≤ 0.05 伏），有人机发动机机油量及油质（无金属碎屑） （2）操控系统：舵面 / 螺旋桨响应延迟≤ 0.1 秒，遥控器信号强度≥ 80%（无人机），驾驶舱仪表指示误差≤ 2% （3）外观结构：机身有无划痕（深度 >0.3 毫米需标记并跟踪），螺旋桨 / 机翼有无裂纹（用荧光渗透剂检测 0.1 毫米以下微裂纹）	飞行中可能出现的隐性损伤，例如： （1）无人机电机温度（飞行后 30 分钟内）≤ 60℃（环境温度 25℃）时，轴承异响需立即更换 （2）有人机刹车系统磨损量（刹车片厚度 ≥ 3 毫米）、轮胎胎压偏差（≤ 5%）

5.2.2.2　定期大修

低空航空器（包括有人机和无人机）作为低空经济的核心载体，其安全运行依赖于设备的可靠性。低空航空器的定期大修需打破“一刀切”的固定模式，应结合设备使用强度、运行环境和技术状态，建立“时间阈值、循环次数、状态监测”三位一体的动态大修体系，确保检修时间精准可控。

（1）时间阈值：基础保障线

定期大修的时间阈值如图 5-4 所示。

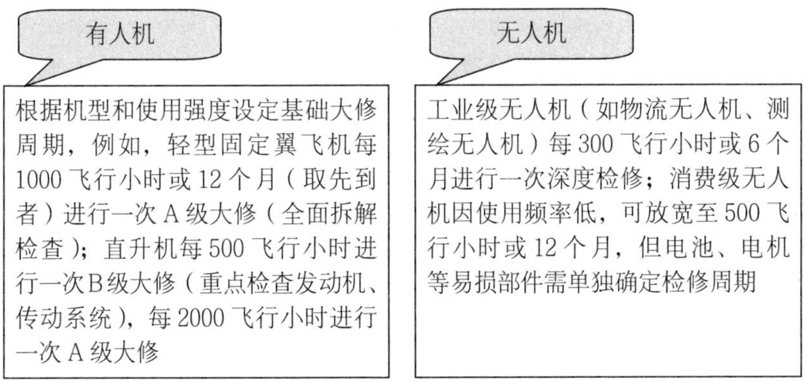

图 5-4　定期大修的时间阈值

（2）循环次数：疲劳损伤的关键指标

航空器的起降、加速、减速等操作会引发结构疲劳，需以“循环次数”作为定期大修的补充指标，如图 5-5 所示。

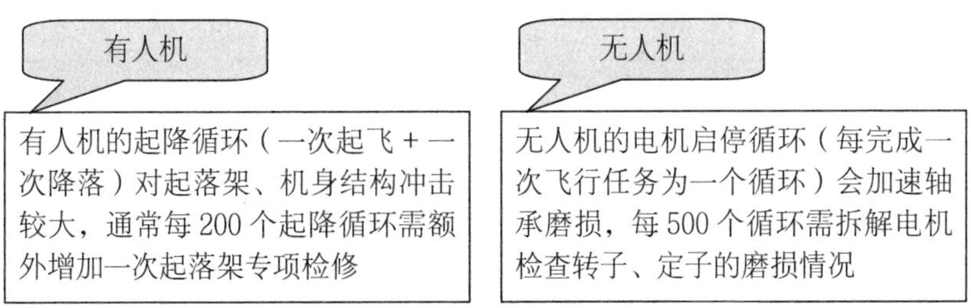

图 5-5　以循环次数确定大修周期

（3）状态监测：动态调整的科学依据

通过机载传感器实时采集振动、温度、电压等数据，并结合 AI 算法评估设备状态，动态调整大修周期，如图 5-6 所示。

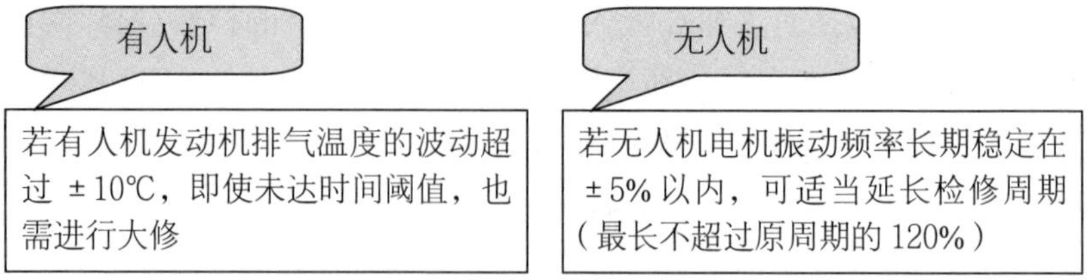

图 5-6　通过状态监测确定大修周期

例如，某景区有 6 架低空游览直升机，计划每 500 飞行小时进行一次 B 级大修。通过振动传感器监测主旋翼系统发现，其中 2 架直升机因长期在山区强气流中飞行，振动值超标 30%，于是运营方将大修周期缩短至 350 飞行小时，提前发现了旋翼轴的细微裂纹，避免了空中故障。

5.2.2.3　寿命管理

低空航空器的寿命管理需突破传统的“固定年限报废”模式，应通过“部件寿命评估 + 整机残值分析”，实现资源的高效利用与安全风险的有效控制。

（1）核心部件的寿命界定

核心部件的寿命界定如表 5-5 所示。

表 5-5　核心部件的寿命界定

序号	部件名	寿命界定要求
1	强制报废部件	对存在安全隐患且无法修复的部件实施“硬寿命”管理
2	无人机电池	循环充电 300 次后，无论状态如何都应强制报废（避免热失控风险）
3	有人机轮胎	累计着陆 100 次或磨损至花纹深度≤ 1.6 毫米时，强制更换
4	可延续寿命部件	通过性能测试确定是否延长使用
5	直升机旋翼叶片	设计寿命 2000 小时，若检测发现结构强度仍达设计值的 90%，可申请延长至 2500 小时（需每 100 小时增加一次探伤）
6	无人机机架	碳纤维材质设计寿命为 5 年，若年度拉伸测试合格，可延长使用 1～2 年（但需缩短检查周期）

（2）整机寿命的综合评估

建立寿命衰减模型，需综合考虑结构疲劳、性能退化、技术迭代等因素，如图 5-7 所示。

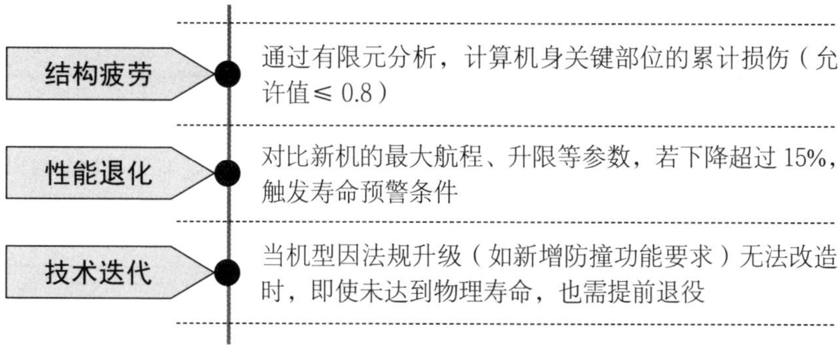

图 5-7　建立寿命衰减模型需考虑的因素

（3）退役与再利用的规定

退役航空器需进行三级拆解，如图 5-8 所示。

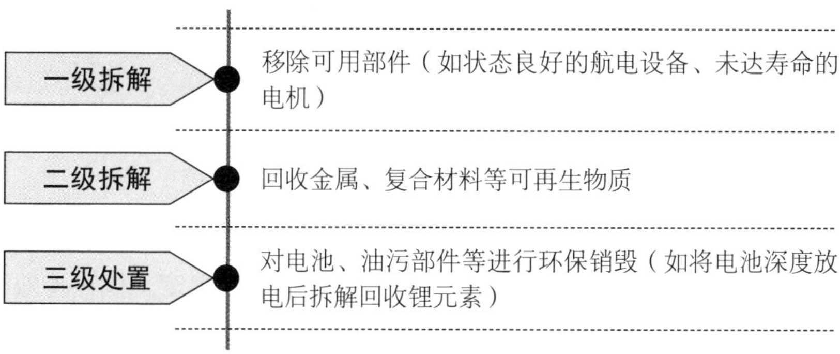

图 5-8　退役航空器的三级拆解

可复用部件需经过“严格检测 + 溯源备案”，例如，从退役无人机上拆解的飞控模块，需进行 300 小时连续运行测试，并将历史使用数据记录在系统中，才能用于同型号设备的维修。

例如，某通用航空公司对一架使用 10 年的轻型飞机进行寿命评估，发现机身结构疲劳损伤达 0.7（接近阈值 0.8），但发动机经大修后性能仍达设计值的 92%。最终决定将机身退役拆解，发动机经认证后安装至另一架同型号飞机上，这样既能节省 30% 的采购成本，同时也能确保安全性能不受影响。

5.2.2.4　数字化管理

依托物联网和区块链技术，为每架航空器建立动态的“数字孪生档案”，可实现大修与寿命管理精准化、可追溯。数字化管理的要求如图 5-9 所示。

- **数据采集**：实时记录飞行参数（时长、起降次数、过载情况）、环境数据（温度、湿度、沙尘浓度）、维护记录（检修时间、更换部件、故障原因）；在关键部件上粘贴 RFID 标签，自动关联使用时长、维修历史（如电机的每次拆解时间、更换轴承的型号）等数据
- **智能分析应用**：通过机器学习预测部件剩余寿命，例如，基于电池充放电曲线，提前 50 个循环预测容量衰减至 20% 的时间；自动生成大修提醒，当某架无人机的电机振动值连续 3 次超标时，系统会推送“48 小时内强制检修”的指令，并同步锁定飞行权限
- **合规性保障**：将档案数据与民航管理系统对接，确保大修周期、部件更换等符合法规要求（如《轻型航空器维修规范》）；利用区块链存证关键记录（如发动机大修报告），防止篡改，为事故追溯提供可靠的依据

图 5-9　数字化管理的要求

通过建立科学的定期大修体系、精准的寿命评估机制和数字化的管理平台，使低空航空器的安全冗余得到显著提升，既能最大限度发挥设备效能，又能有效规避因老化、疲劳导致的安全风险。未来，随着低空交通网络的规模化发展，需推动大修标准的统一化（如跨企业的部件寿命评估准则）和智能化（如基于数字孪生的虚拟大修测试），为低空经济的可持续发展提供坚实保障。

5.2.3　安全装备：机载安全设备与应急装置

即使在标准设计和设备维护都达标的情况下，低空飞行仍可能遭遇突发情况（如设备故障、极端天气），因此需配备多重应急装置，构建“故障早发现、风险可规避、事故能减损”的应急响应链条。

5.2.3.1　主动预警与避障系统

（1）环境感知设备

无人机搭载激光雷达（探测距离≥ 50 米，分辨率 0.1 米）和双目视觉传感器，可识别直径≥ 10 厘米的障碍物（如树枝、风筝），并在 0.5 秒内完成绕行路径规划；有人机配备气象雷达（探测距离≥ 80 千米），可识别 10 千米范围内的雷暴云团，提前 3 分钟发出告警。

（2）系统状态监测

通过传感器可实时采集电池电压、电机转速、舵面位置等一百多项参数，当某项指标超出安全阈值（如电池温度 >60℃）时，立即触发声光告警，并在地面站同步显示故障代码（如“E013”代表电机过载）。

5.2.3.2　被动应急装置

被动应急装置的构成如表 5-6 所示。

表 5-6　被动应急装置的构成

类型	构成	说明
无人机	降落伞系统	载重 5 千克以下的无人机需配备自动开伞装置，开伞时间≤ 1 秒，下降速度≤ 3 米 / 秒 [确保坠地时冲击力≤ 10*g*（重力加速度）]
	应急迫降模式	当定位信号丢失或电池电量≤ 5% 时，自动切入“失联返航”程序，优先降落在预设的安全区域（如半径 100 米的空旷地带）
有人机	应急浮筒	水上起降需在 10 秒内完成充气，可承载整机重量漂浮≥ 48 小时
	弹射座椅（部分机型）	在 0 ~ 1500 米高度，可在 2 秒内将飞行员弹射出舱，并自动开伞
	飞行事故记录器（黑匣子）	分为飞行数据记录器（FDR）和驾驶舱语音记录器（CVR），可存储 25 小时飞行参数和 2 小时语音数据，能承受 1100℃高温（燃烧 30 分钟）、6000 米深海压力（约 60 兆帕）而数据不丢失

例如，某景区低空游览无人机在飞行中突遇强电磁干扰，定位信号丢失。触发应急模式后，无人机立即启用备用惯性导航，按“最后已知安全路径”返

航，同时降落伞系统进入待命状态。在距地面50米高度时，信号恢复，无人机最终安全降落，整个过程未出现坠机风险。

5.2.4 场景适配：特殊场景适应性提升

低空环境的复杂性（如城市高楼间的乱流、山区的地形风、沿海的盐雾腐蚀）对航空器提出了较高要求。可通过技术优化实现“场景适配”，减少环境因素导致的设备故障。特殊场景适应性提升措施如表5-7所示。

表5-7 特殊场景适应性提升措施

序号	措施	说明
1	抗干扰与耐环境设计	（1）电磁兼容性（EMC）：无人机需通过30伏/米的电磁辐射抗扰度测试（模拟高压电线、雷达站的干扰），通信模块在1.5~2.5千兆赫频段内的抗干扰能力≥80分贝（信号强度衰减不超过1/10000） （2）防腐蚀处理：沿海地区使用的航空器，金属部件需采用达克罗涂层（耐盐雾测试≥1000小时，无锈蚀），电子元件接口需涂抹硅橡胶密封剂，防护等级达到IP67（水下1米浸泡30分钟不进水）
2	低空气流适应性	（1）配备气流传感器（采样频率≥10赫兹），可实时监测0.5秒内的风速变化（如阵风从5米/秒骤增至15米/秒），并自动调整动力输出（如无人机螺旋桨转速在0.2秒内提升20%），稳定飞行姿态 （2）机身设计加入涡流发生器（小型突起结构），在低速飞行（<100千米/时）时减少气流分离，降低因乱流导致的颠簸幅度（垂直加速度波动≤ ±2克）

未来还需结合低空交通的发展趋势（如自动驾驶、编队飞行），持续升级设备的智能化水平（如AI故障预测、自适应调整），让航空器不仅是“低空载体”，更是“安全屏障”，为低空经济的规模化发展奠定核心基础。

5.3 保障体系构建：设施设备安全保障体系

设施设备的安全保障并非单一环节的孤立行动，而是应通过标准化的管理、智能化的监测以及应急演练的持续优化，形成“全流程覆盖、全周期管控、全场景适配”的闭环体系，既要明确各环节的责任边界，又要实现数据互通与协同响应，最终将安全风险控制在可接受范围内，为低空经济的高效发展提供系统性支撑。

5.3.1　管理基础：标准化管理

标准化管理是设施设备安全运行的前提，通过制定“设计 - 生产 - 运维 - 报废”全生命周期的标准体系，确保每个环节都有章可循、有据可依，避免因标准缺失导致安全漏洞。

5.3.1.1　标准体系的覆盖范围与核心内容

标准体系的覆盖范围与核心内容如表 5-8 所示。

表 5-8　标准体系的覆盖范围与核心内容

阶段	覆盖范围与核心内容	举例说明
设计阶段	明确各类设施设备的性能指标	《低空航空器设备安全通用规范》规定，无人机的抗风等级需≥ 10 级（风速≥ 24.5 米 / 秒），电池循环寿命≥ 300 次（容量衰减≤ 20%） 《地面起降场设施设计标准》要求跑道基层承载力≥ 150 千牛 / 米 ^{2}，确保轻型飞机（最大起飞重量 5 吨）起降时无沉降
生产阶段	规范制造工艺与质量检测流程	无人机电机需通过 1000 小时连续运行测试（温升≤ 40 开），每批次随机抽取 5% 进行过载测试（120% 额定功率运行 2 小时无烧毁） 地面通信基站的天线增益误差需≤ 0.5 分贝，出厂前需经过高低温（-40 ~ 70℃）循环测试 50 次
运维阶段	细化维护标准	《地面起降场设施维护指南》要求： 跑道每季度进行一次摩擦系数检测（≥ 0.6），低于标准时需重新刻槽或喷涂防滑涂层 无人机每飞行 50 架次需更换螺旋桨（即使外观无损伤），避免材料疲劳导致断裂
报废阶段	明确强制报废阈值	无人机机架使用满 5 年或累计飞行 1000 架次（取先到者）必须报废，可通过机身二维码溯源，确保执行到位 地面气象站传感器在数据漂移量超过 ±5%（连续 3 次校准仍不达标）时强制更换，以免错误数据误导飞行决策

5.3.1.2 标准的动态更新机制

随着低空技术的迭代（如新型电池、自动驾驶系统）和事故案例的积累，标准需每1~2年修订一次。

例如，针对2023年某无人机因电池热失控引发火灾，行业标准紧急新增“电池热失控预警阈值”（电芯温差≥5℃时强制断电）；针对城市低空物流的快速发展，2024年修订的《低空航空器运维规范》中新增了“无人机在建筑群中飞行的结构疲劳测试标准”（模拟10万次穿越楼宇间乱流后的结构强度要求）。

5.3.1.3 标准执行的监督与认证

引入第三方认证机构，对设施设备的设计、生产、运维等环节进行合规性审核。

例如，无人机生产企业需通过“ISO 21384低空航空器安全认证”，否则不得进入市场；地面起降场需每年度进行“低空安全运营资质复核”，未达标的限期整改，整改期间暂停运营。

5.3.2 技术支撑：智能化监测

依托物联网、大数据和人工智能等技术，构建覆盖地面与空中设施的智能化监测网络，实现从“被动维修”到“主动预警”的转变，将故障处置时间压缩至最小范围。

5.3.2.1 地面设施设备的智能化监测网络

在关键设备上安装多维度传感器，例如：

（1）通信基站：部署信号强度传感器（采样频率1赫兹）、温度传感器（精度 ±0.5℃）、振动传感器（监测设备松动情况）。

（2）起降场道面：埋入光纤应变传感器，实时监测跑道沉降（精度0.1毫米）和裂缝发展（长度≥5厘米时告警）。

（3）供电系统：安装电压 / 电流传感器，监测波动幅度（超过 ±10% 时触发保护）和谐波含量（≤ 5%）。

（4）数据传输与处理：通过 5G 专网将传感器数据传输至云端平台，采用边缘计算节点进行实时分析。

当通信基站温度超过 65℃时，系统 5 分钟内自动向运维人员手机 APP 推送告警（含定位和故障代码）信息。

道面传感器发现连续 3 个监测点沉降超过 1 毫米 / 天，系统自动生成“紧急维修工单”，并同步至起降场管理系统，暂停该区域起降作业。

5.3.2.2　建立“预警 - 派单 - 修复 - 验收”的闭环管理流程

（1）系统自动识别异常数据，并生成预警信息。

（2）基于地理位置和技能匹配，向最近的运维人员派发工单（含故障处理指南）。

（3）运维人员通过移动端上传修复过程（照片、视频），系统自动校验修复结果。

（4）验收通过后，工单关闭，数据存入设备健康档案。

5.3.2.3　航空器健康管理系统（AHMS）

航空器健康管理系统是一套基于多源数据与智能算法的综合系统，通过实时采集航空器各部件（如发动机、航电系统、结构件等）的状态信息，结合历史数据与运维经验，实现对故障的早期预警、精准诊断与及时维修。

（1）核心目标

① 提升飞行安全，降低故障导致的事故风险。

② 减少非计划停场时间，提高航班准点率。

③ 优化维护成本，避免过度维修或维修不足。

④ 延长航空器及关键部件的使用寿命。

（2）核心功能模块

AHMS 通过多个功能模块的协同实现航空器全流程健康管理，如表 5-9 所示。

表 5-9 AHMS 的核心功能模块

序号	功能模块	说明
1	数据采集与传输	（1）传感器网络：在航空器关键部位部署大量传感器（如发动机振动传感器、温度传感器、结构应力传感器等），实时采集物理参数（振动、温度、压力等）和性能参数（油耗、转速等） （2）数据传输：通过机载通信系统（如空地数据链、卫星通信）将数据实时传输至地面运维中心，同时存储历史数据，用于分析
2	状态监测与故障诊断	（1）状态监测：对采集的数据进行实时分析，监测航空器各系统的运行状态（如发动机推力、航电系统响应时间），识别异常波动 （2）故障诊断：根据预设的故障规则库和机器学习算法（如神经网络、决策树），对异常数据进行分析，确定故障部位、类型及严重程度。例如，发动机振动值异常，系统诊断出轴承磨损或叶片损伤
3	故障预测与寿命评估	（1）故障预测：基于历史数据和退化模型（如剩余寿命预测算法），预测关键部件（如发动机涡轮、起落架）的故障发生时间，提前发出预警 （2）寿命评估：通过累积损伤分析（如疲劳寿命计算），评估结构件或机械部件的剩余使用寿命，以便及时更换
4	维护计划制定	（1）根据故障诊断结果和预测信息，生成维护建议（如维修优先级、所需备件、维修流程），辅助地面工程师制定最优的维护计划 （2）结合航班调度信息，安排维护时间，减少对正常运营的影响

例如，某低空物流园区构建了“天地一体”的监测平台。

地面端：120 个传感器覆盖 30 个无人机起降点，实时监测风速、供电、通信状态。2024 年通过提前预警功能，避免了 3 次因供电系统过载导致的充电火灾。

空中端：50 架物流无人机均搭载 AHMS。通过电池充放电曲线分析，精准预测 12 块电池即将失效（剩余循环寿命 ≤ 10 次），由于更换及时，减少了 8 次空中迫降。

5.3.3　能力提升：应急演练与持续改进

设施设备的安全保障体系需通过常态化应急演练发现其中的短板，并基于演练结果推动技术迭代与流程优化。低空飞行设施设备的应急演练是保障低空飞行安全、提升应急处置能力的关键，涉及无人机、通用航空器、低空通信导航等设备设施的故障及各类突发情况。

5.3.3.1　演练策划：锚定风险，精准设计

（1）风险画像与目标拆解

首先应基于低空飞行设施设备的典型风险场景构建风险矩阵（如图 5-10 所示），明确演练需覆盖的核心风险。

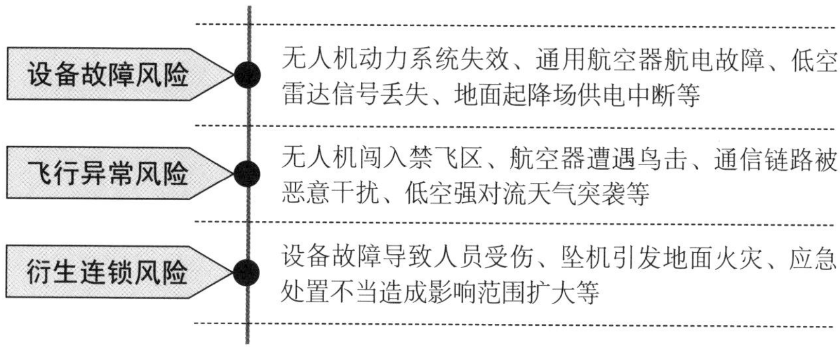

图 5-10　典型风险场景

基于风险矩阵，将演练目标拆解为可量化的具体指标，例如：

无人机失控后，地面操作员需在 60 秒内启动迫降程序，成功率≥ 90%。

通用航空器发动机故障时，空管与机组的应急通信响应延迟≤ 30 秒。

地面设备抢修团队需在 15 分钟内抵达故障现场并进行处置。

（2）场景设计与方案编制

场景设计需满足“三性”：真实性（贴合实际运行数据）、复杂性（包含多环节连锁反应）、分级性（区分一般、紧急、特急等场景）。

示例场景 1（无人机物流）：

“四旋翼无人机在 50 米高度配送时，突遇电磁干扰，GPS 信号丢失，飞行姿态异常，且下方为居民区”——需信号切换、手动操控迫降、地面人群疏散协同。

示例场景 2（通用航空）：

“固定翼航空器在低空转场时，左发动机突发异响，仪表显示温度超标，同时遭遇能见度骤降的雾情”——需单发应急操作、空管引导备降、地面救援待命联动。

演练方案需形成“1+*N*”文档体系，如图 5-11 所示。

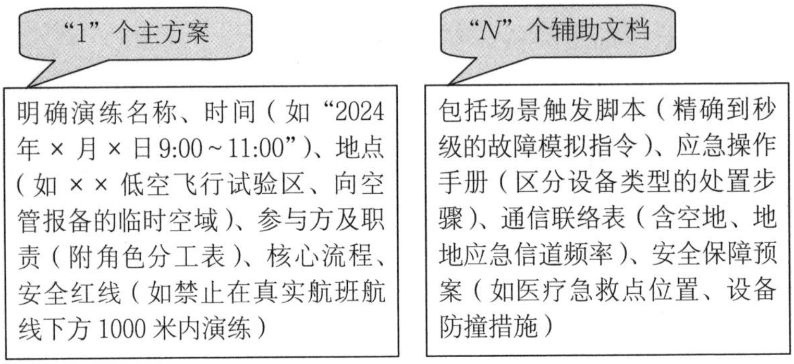

图 5-11　“1+*N*”文档体系

（3）资源配置与权责划分

根据场景需求配置资源，如图 5-12 所示。

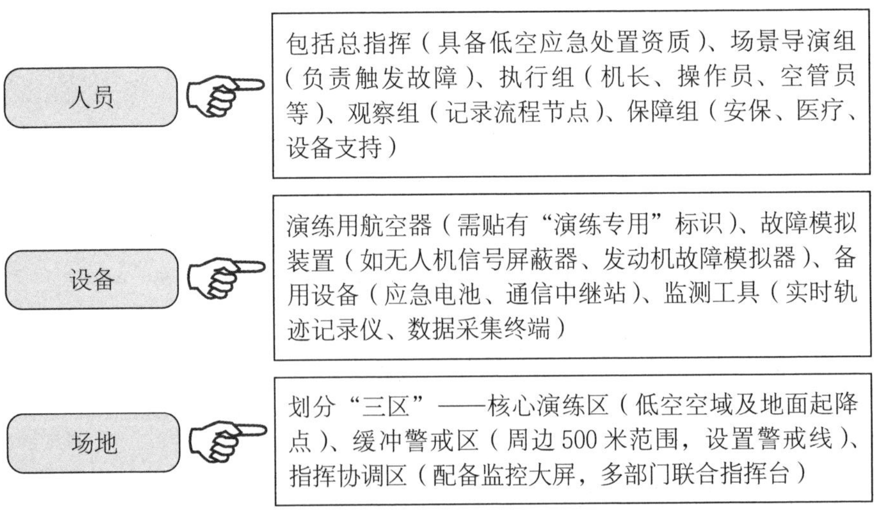

图 5-12　资源配置

5.3.3.2　演练准备：细致排查，模拟预演

（1）设备与环境测试

对设备与环境进行测试，如表 5-10 所示。

表 5-10　设备与环境测试

序号	测试内容	测试说明
1	无人机	故障模拟功能（如远程触发“电机停转”）、应急模式（如“一键返航”“伞降系统”）、数据回传稳定性等
2	通信设备	空地数据链在强电磁环境下的抗干扰能力、备用信道切换耗时（目标≤ 5 秒）
3	地面设备	起降场应急灯光、消防设施的启动响应速度应符合演练场景要求
4	环境适配性检查	演练空域无航班冲突（提前 72 小时向空管部门报备）、地面场地无障碍物（如高压线、树木）、气象条件满足安全阈值（风速≤ 6 级、能见度≥ 3 千米）

（2）分层培训

分层培训的内容如图 5-13 所示。

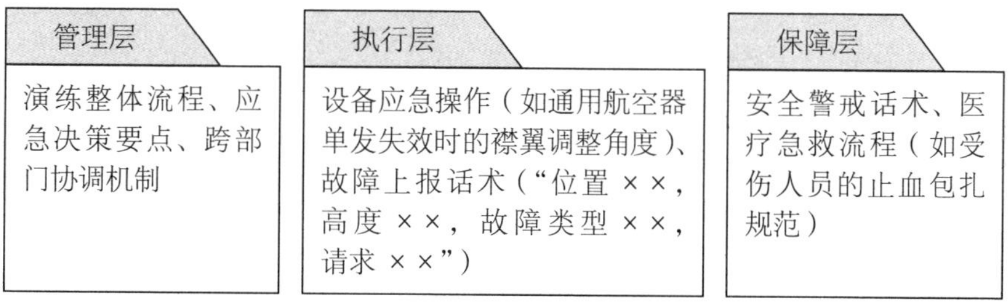

图 5-13　分层培训的内容

（3）角色预演

针对关键环节开展“桌面推演 + 局部实操”。

例如，模拟“无人机信号丢失”场景，操作员与空管员进行 3 轮通信话术预演，确保信息传递无歧义；测试“设备抢修团队”从接到指令到抵达现场的动线，以便优化路线，缩短响应时间。

（4）应急物资

准备“双备份”物资：关键设备（如备用发动机、通信终端）、消耗品（电池、燃油）、救援物资（灭火器、急救包）均需备份，且标注“应急专用”。

（5）制定“B 计划”

针对可能出现的演练中断情况（如天气突变、设备突发故障），确定中止条件（如风速突增至 8 级，立即中止演练）和恢复机制（如 2 小时内天气转好则重启，否则改期）。

5.3.3.3 演练实施：动态执行，精准记录

（1）演练开始与场景触发

启动仪式：总指挥宣布演练开始，各参与方报告准备状态（“指挥组就绪”“执行组就绪”“保障组就绪”），现场拉响演练信号（如特定频率警报声）。

场景触发：导演组按场景触发脚本执行，例如，

通过地面站向无人机远程发送指令，使其在预设时间（如演练开始后 5 分钟）显示“电池电压骤降”故障代码。

在通用航空器飞行至特定空域时，通过机载系统模拟“右起落架指示灯异常”告警，并同步切断对应传感器数据，增加处置难度。

触发后，导演组需实时监控设备状态，确保故障模拟效果与预设一致（如无人机确实出现高度骤降趋势）。

（2）应急响应与协同处置

各环节需严格遵循“监测 - 上报 - 决策 - 执行 - 反馈”的闭环流程，核心动作如表 5-11 所示。

表 5-11　应急响应与协同处置的核心动作

序号	核心动作	操作说明
1	第一时间响应	（1）操作员发现异常后，立即进行“双报告”（向机长 / 地面指挥台报告、向空管部门报备），报告内容需包含故障类型、当前位置、高度、周边环境、已采取措施等 （2）空管部门收到报告后，立即划定临时禁飞区，通知周边航空器避让（如 ×× 空域半径 2 千米内禁止其他飞行活动，持续 10 分钟）

续表

序号	核心动作	操作说明
2	分级处置	（1）轻微故障（如地面设备信号弱）：由运维团队现场处置，同步上报进展情况（已切换备用信号源，信号恢复正常） （2）紧急故障（如无人机失控）：启动“三级响应”——操作员尝试手动操控，地面救援组赶赴预计坠落地，指挥组协调警方疏散地面人群 （3）特急场景（如航空器冒烟）：机长果断决定迫降，空管引导其降至备用迫降场，消防、医疗团队立即赶赴现场待命
3	跨部门协作	（1）通用航空器机组：请求下降至 300 米，左转航向 330 度，前往备降场 （2）空管：允许下降至 300 米，左转航向 330 度，已清空备降场空域，地面救援已就位 （3）地面指挥：备降场消防通道已打开，医疗组在指定位置待命

（3）过程记录

应进行多维度记录，如图 5-14 所示。

视频记录：通过机载摄像头、地面监控、无人机记录全过程，捕捉重要响应时间点（如故障发生时间、首次上报时间、开始处置时间）

数据记录：采集设备参数（如无人机的速度、高度变化曲线）、通信日志（通话时长、指令内容）、人员动作（如操作员按键顺序）等数据

文字记录：观察员实时填写演练节点记录表，标注“是否按计划执行”“是否出现偏差”（如无人机迫降点偏离预设区域 50 米）

图 5-14　多维度记录

（4）动态调整

若出现演练与实际脱节的情况（如预设故障未触发、处置步骤遗漏），导演组可介入（如通过加密信道提示操作员需补充上报周边障碍物信息），并记录调整原因，确保评估的客观性。

（5）中止演练

满足图 5-15 所示的任一情况时，总指挥宣布中止演练。

- 条件一：所有场景处置完成（如无人机安全迫降，设备无损坏；航空器成功备降，人员安全）
- 条件二：出现安全风险（如演练区域突降暴雨，能见度低于安全值）
- 条件三：关键环节超时（如设备抢修超时 30 分钟，超出演练评估范围）

图 5-15　中止演练的条件

（6）现场恢复

设备复位：将航空器、地面设备恢复至正常状态，检查是否有损坏。

场地清理：撤除警戒线、回收应急物资，确保场地已恢复原状。

数据备份：将所有数据（视频、日志、参数）上传至专用服务器，以防丢失。

5.3.3.4　演练总结：即时复盘，问题闭环

（1）即时复盘会

演练结束后 1 小时内召开复盘会，由总指挥主持，各参与方反馈意见，如表 5-12 所示。

表 5-12　复盘会各参与方反馈的内容

序号	参与方	反馈内容举例
1	执行组	无人机手动迫降时，因风速干扰，操作杆响应延迟约 1 秒；通信信道在第 3 分钟出现杂音，影响指令接收
2	保障组	医疗组抵达现场时间比计划晚 2 分钟，因路线被临时车辆阻挡
3	观察组	空管与机组的 3 次通话中，有一次存在指令重复表述，时间增加 15 秒

复盘的目的是聚焦偏差点，而非指责，例如，响应时间未达标的原因是，操作手册中未明确“信号丢失后优先上报的核心信息”，导致上报时信息冗余。

（2）资料归档

形成演练执行报告，如表 5-13 所示。

表 5-13　演练执行报告的内容

序号	项目	内容说明
1	演练概况	目标达成率（如 8 个场景中有 6 个按计划完成，达成率为 75%）
2	关键数据	包括响应时间、操作正确率、协同耗时等量化结果（附对比图表）
3	异常事件记录	如“设备故障模拟装置在场景中突然失效，导致演练暂停 5 分钟”
4	问题初步分析	分为流程漏洞（如步骤缺失）、设备缺陷（如备用设备启动慢）、人员技能不足（如操作不熟练）、协同障碍（如部门接口不清晰）

5.3.3.5　基于演练的升级与优化

（1）设备升级：针对演练暴露的问题，升级相应硬件。

例如，某无人机企业在 2023 年演练中发现，自动避障系统对玻璃幕墙的识别率仅为 60%（因透光性导致激光雷达反射信号弱）。于是加装了 850 纳米红外摄像头（对玻璃反射率提升 300%），2024 年复测时识别率提升至 98%。

某通用机场演练时发现，道面应急抢修材料固化时间长达 4 小时，无法满足快速恢复需求。改用新型快凝混凝土（30 分钟强度达 C30）后，抢修时间缩短至 1 小时。

（2）流程优化：根据演练结果，修订应急预案。

例如，演练发现多设备同时故障时，运维人员调度混乱，于是建立了故障优先级矩阵（飞行相关设备 > 地面保障设备），明确调度顺序，使协同效率提升了 50%。

针对应急通信依赖单一信道的问题，新增“北斗 + 卫星电话 + 应急广播”三重保障，确保极端情况下指挥不中断。

推动设施设备安全保障体系形成“静态合规 + 动态防控 + 持续升级”的有机统一，不仅是降低事故发生率的重要手段，更是支撑低空经济从“试点运营”迈向“规模化发展”的核心措施，可为各类低空活动提供全时段、全方位的安全兜底。

章后思考

1. 起降场地及配套设施的哪些特性使其成为低空活动的安全基石？

2. 通信与导航系统故障可能对低空活动造成哪些影响？如何保障其稳定运行？

3. 航空器本体安全设计需考虑哪些关键因素？

4. 全生命周期维护与检修流程对延长航空器使用寿命有何意义？

5. 机载安全设备与应急装置在应对突发情况时能发挥怎样的作用？请举例说明。

6. 提升特殊场景适应性对航空器在复杂环境下的安全飞行有何帮助？

7. 标准化管理为何在设施设备安全保障体系中被称为制度基石？

8. 智能化监测技术如何实现对设施设备的实时感知与精准防控？

9. 应急演练在设施设备安全保障体系持续优化中起到什么作用？

第6章 低空应急救援服务体系

学习目标

1. 知晓低空应急救援体系的构建原则、职责分工等关键内容。
2. 掌握应急救援预案的核心要素、分场景设计要点及全流程管理。
3. 了解常见突发事件的应急处置流程和救援设备、物资的管理要点。

在低空飞行活动日益频繁的背景下，各类突发事件如飞行器故障坠机、恶劣天气导致飞行险情、空中碰撞等时有发生，低空应急救援服务体系的重要性愈发凸显。它是保障人民生命财产安全、降低事故损失的关键，目的在于在紧急时刻迅速响应、科学处置，最大限度地减少人员伤亡和财产损失。构建完善的低空应急救援体系，制定科学的应急预案，做好救援设备与物资的储备，是提升低空应急救援能力的重要保障。

6.1 体系架构：低空经济应急救援体系构建

低空经济应急救援体系的构建，不仅要覆盖传统低空飞行的安全需求，更要匹配多领域、多场景的特点，以实现“预防 - 响应 - 处置 - 恢复”的全链条管理，为低空经济的健康发展筑牢安全屏障。

6.1.1 构建要求：体系构建的核心原则

低空经济应急救援体系的构建需突破单一飞行场景的局限，立足全域安全，遵循表 6-1 所示的原则。

表 6-1　低空经济应急救援体系的构建原则

序号	原则	说明
1	全域协同原则	打破部门、行业、区域壁垒，构建“政府主导、企业主责、社会参与”的协同网络。例如，在城市低空物流网络中，应急管理部门需联合快递企业、航空管理部门、社区物业等，建立跨主体的信息共享机制，确保突发紧急情况时能快速响应
2	场景适配原则	针对不同低空经济场景的风险特征，制定有针对性的救援方案： （1）低空旅游领域，需侧重人员密集区域的救援，配备便携式急救设备，设置低空疏散通道 （2）无人机物流领域，需强化电池起火、坠机等事故的快速处置能力，在仓库、配送点周边预设应急隔离区 （3）通用航空作业（如农林植保、电力巡检）领域，需注重野外环境救援，配置越野救援车辆和卫星通信设备
3	技术赋能原则	依托低空通信网络、大数据监测平台和智能决策系统，实现风险的精准预判和救援的高效调度。例如，通过无人机飞行动态监测系统实时捕捉异常轨迹，结合 AI 算法预测坠机风险，自动向附近救援站推送处置指令
4	预防优先原则	将救援关口前移，通过常态化风险评估、设备巡检和技能培训等措施，降低事故发生率。例如，低空旅游企业每月开展飞行器适航检查，物流企业建立电池使用生命周期管理系统，从源头减少安全隐患

6.1.2　职责分配：多主体协同的职责分工

低空经济应急救援体系的高效运转，需要明确各参与方的权责边界，形成“纵向贯通、横向联动”的责任网络。

6.1.2.1　政府层面

政府层面下各部门在低空经济应急救援中的责任如表 6-2 所示。

表 6-2　政府层面下各部门在低空经济应急救援中的责任

序号	部门	主要责任
1	应急管理部门	统筹安排体系建设，制定跨行业的救援标准，协调跨区域的救援资源（如调动邻市直升机参与山区坠机救援）
2	航空管理部门	负责低空空域的应急调度，为救援飞行器开辟优先级航线，提供事故飞行器的运行轨迹数据

续表

序号	部门	主要责任
3	行业主管部门	制定专项救援细则，督促企业落实应急主体责任（如要求文旅部门审核低空旅游项目的救援预案）
4	公安部门	负责维护事故现场的治安，设置警戒区域，防止无关人员进入；查明事故原因，打击涉嫌违法犯罪的行为
5	消防救援部门	承担火灾扑救、飞行器残骸清理、人员搜救等任务，配备专业的消防救援设备和搜救犬，能够在复杂环境下开展救援
6	医疗救援部门	组建紧急医疗救援队伍，携带急救设备和药品，及时赶赴事故现场对伤员进行紧急救治和转运
7	气象部门	提供实时气象数据和预报信息，为救援行动提供精准的气象服务

6.1.2.2　企业层面

（1）运营企业：承担应急救援主体责任，组建专职救援队伍（如物流企业的无人机应急回收小组），配置场景化救援设备（如搭载灭火装置的巡查无人机），定期开展内部演练。

（2）设备生产企业：为飞行器应急处置提供技术支持，例如，开发无人机远程迫降系统，发生故障时协助地面控制中心进行安全回收。

6.1.2.3　社会层面

（1）行业协会：建立低空救援互助机制，与会员单位共享救援设备和技术（如通用航空协会搭建跨企业救援设备调度平台）。

（2）专业救援机构：参与复杂场景救援，如搜寻坠落在山区的物流无人机。

（3）公众与志愿者：通过低空安全观测点（如社区楼顶、景区观景台）搜集事故线索，在专业人员的指导下参与物资转运等辅助工作。

6.1.3　体系范围：覆盖多领域的体系架构

为匹配低空经济的多元化场景，应急救援体系需构建“基础保障 - 分类处置 - 智慧支撑”三层架构，如表 6-3 所示。

表 6-3　覆盖多领域的体系架构

架构	组成部分	功能说明
基础保障层	全域网络搭建	整合低空雷达、视频监控、飞行器的数据，建立覆盖城市、乡村、景区的风险感知体系（如在无人机配送密集的商圈布设低空电子围栏，实时预警越界飞行）
	救援站点布局	按“15 分钟响应圈”规划救援站，城市核心区配置小型化、机动化救援点（如搭载急救设备的电动救援车），郊区及山区配置直升机起降点和野外救援物资储备库
	通用物资储备	储备通用的通信设备（卫星电话、应急基站）、急救物资（止血包、除颤仪）、处置工具（破拆设备、灭火弹），确保可跨场景使用
分类处置层	低空旅游救援模块	针对游客突发疾病、飞行器迫降等场景，制定“空中急救 – 地面转运”的联动流程，设置舱内急救箱和景区应急医疗点
	无人机物流救援模块	建立“故障预警 – 快速回收 – 残骸清理”机制，开发无人机自主返航系统，当电池过热时使其自动降落到预设安全区，并联系环卫部门清理残骸
	通用航空作业救援模块	针对野外作业场景，配置北斗定位追踪器、野外生存物资（保温毯、压缩食品），与林业、电力等部门共享作业区域地形图，共同规划救援路线
智慧支撑层	应急指挥平台	整合多部门数据，用“一张图”反映事故位置、救援力量分布、气象条件等信息，支持 AI 辅助决策（如自动计算最优救援路线）
	跨域通信系统	融合 5G、卫星通信、Mesh 自组网等技术，在偏远地区救援时确保通信信号不中断（如在山区通过无人机中继站保持信号传输）
	事后评估系统	记录每次救援的处置过程和相关数据，以便于事后复盘、优化预案（如针对某景区多次发生迫降事件，调整该区域飞行高度限制）

6.1.4　落地路径：体系落地实施的步骤

6.1.4.1　政策与标准先行

出台《低空经济应急救援管理办法》，明确各场景救援设备的配置标准（如物流园区每 500 平方米配备 1 套无人机灭火装置）、响应时间要求（在城市核心区，救援力量10分钟内抵达）；建立行业认证体系，对企业救援队伍的能力进行分级评估。

6.1.4.2 试点示范与推广

选择低空活动活跃的区域（如深圳、安徽通用航空产业综合示范区）进行试点，打造“无人机物流 + 低空旅游”的复合型救援样板，成熟后在全国推广。例如，深圳在无人机配送密集的前海片区，试行“空中巡查无人机 + 地面应急车”联动救援模式，将平均响应时间缩短至8分钟。

6.1.4.3 技术研发与应用

（1）开发轻量化机载应急设备（如可抛投式急救包、微型灭火弹）。

（2）构建低空救援数字孪生系统，通过模拟事故场景，优化救援流程。

（3）推广无人机群协同救援技术，由多架无人机分工协作，共同完成搜索、物资投送、通信中继等任务。

6.1.4.4 人才培养与演练

建立“理论培训 + 实操演练 + 场景考核”的人才培养体系，组织企业救援人员参加无人机操控、野外急救、设备维修等技能培训，同时每年开展跨行业联合演练（如模拟无人机坠机引发山林火灾，联合消防、林业、航空部门协同处置）。

例如，2024年，在浙江山区的无人机配送网络中，某电商平台一架载有货物的无人机因电池故障而失控，坠落在海拔800米的林地。该平台的应急救援系统迅速启动。

（1）飞控系统监测到电池异常，自动向区域救援指挥中心发送预警信息，并同步上传坠机预测轨迹。

（2）指挥中心调配附近的巡查无人机前往定位，同时派出搭载卫星通信设备的越野救援车。

（3）巡查无人机发现坠机点后，通过热成像技术确认无人员伤亡，然后投放灭火毯覆盖电池，防止起火。

（4）救援车抵达后，工作人员回收货物，并对残骸进行安全处理，整个过程耗时47分钟，未造成次生事故。

低空经济应急救援体系的构建，是一项集政策、技术、管理于一体的系统工程，需以“场景适配、高效协同、预防优先”为核心，通过多主体联动、多技术赋能、多场景覆盖，实现从“被动救援”到“主动防控”的转变。随着低空经济的进一步发展，应急救援体系需持续完善，不断吸纳新兴技术和管理经验，为低空经济的安全运行保驾护航，让创新活力在规范框架内充分释放。

6.2 预案管理：应急救援预案制定与演练

低空经济应急救援预案是体系落地的“操作手册”，需注重多场景风险特性，兼顾规范性与灵活性，做到“一预案管全域、分场景能落地”。

6.2.1 预案内容：预案包含的核心要素

低空经济应急救援预案需突破传统救援的单一框架，注重多领域协同，核心要素如表 6-4 所示。

表 6-4　预案包含的核心要素

核心要素	具体说明	
风险清单	针对不同低空场景，编制“风险－应对”对照表	（1）无人机物流领域：需列出“电池热失控”“信号失联”“坠机碰撞”等 12 类典型风险，确定每类风险的预警阈值（如电池温度超过 60℃时触发一级预警） （2）低空旅游领域：需明确“恶劣天气突发”“游客突发疾病”“设备机械故障”等场景，并指定相应责任人（如景区安全员负责初期疏散，医疗团队负责急救）
层级响应机制	按事件影响范围确定响应级别，并制定差异化处置流程	（1）一般响应（如小型无人机坠机未造成人员伤亡）：由企业自主救援，1 小时内完成现场清理并上报 （2）较大响应（如低空旅游飞行器迫降造成 3 人以下轻伤）：属地应急管理部门介入，调动区域内医疗、消防等力量，4 小时内形成初步处置报告

续表

核心要素	具体说明	
层级响应机制	按事件影响范围确定响应级别，并制定差异化处置流程	（3）重大响应（如无人机群失控引发连锁事故）：启动省级应急指挥体系，协调军队、武警等力量参与救援，同步启动舆情应对机制
资源配置图谱	绘制救援资源热力图，明确各设备、人员的位置与调用路径	（1）城市核心区：标注每 2 千米范围内应急物资柜（含灭火弹、急救包）、无人机巡查队的位置 （2）山区、景区等区域：标注直升机起降点与地面救援队伍的最短抵达路线、卫星通信盲区的备用联络方式

6.2.2　场景适配：分场景预案设计要点

不同低空经济场景的设备类型、运行环境、参与主体有所差异，应急救援预案的制定也应与场景的特征相匹配，以满足不同的救援需求。

6.2.2.1　城市物流低空场景（无人机 / 货运航空器）

城市物流低空场景多为人口密集的低空（50 ~ 100 米）区域，周边建筑障碍物较多，电磁环境复杂，核心风险为设备坠机、货物掉落导致地面人员伤亡。

城市物流低空场景应急救援预案设计要点如表 6-5 所示。

表 6-5　城市物流低空场景应急救援预案设计要点

风险聚焦与场景设计	核心风险点	无人机因动力失效坠向居民区、货物（如锂电池）空中起火、通信中断导致航线偏离
	典型演练场景	“六旋翼物流无人机在 70 米高度配送时，双电机同时失效，下方为小学操场，学生们正在课间活动” “货运直升机吊装物资时，缆绳断裂，货物（10 千克包裹）坠向商业街”
救援模块设计要点	地面人群疏散	需明确“三级警戒圈”——核心坠落预警区（半径 50 米，立即疏散）、缓冲观察区（50 ~ 100 米，禁止进入）、外围引导区（100 ~ 200 米，疏导人员），与属地派出所、社区物业联合行动
	设备应急处置	无人机需预设“人群密集区强制伞降”程序（演练时测试伞降系统响应时间）；货运航空器需检验“紧急抛货至预设安全落点”（如空旷停车场）的操作逻辑

续表

救援模块设计要点	伤亡急救	在商圈、学校等点位预设“3 分钟急救圈”（配置 AED、止血包等物资），测试医护人员与无人机操作员的信息对接（如准确报告坠落点伤员数量及状态）
协同机制	需引入社区网格员、商圈保安、学校安保等基层力量，确定“无人机操作员 - 地面指挥中心 - 属地应急小组”三级通信链路	

6.2.2.2　景区观光低空场景（载人飞艇 / 观光直升机）

景区观光低空场景多为山地、湖泊等自然景区，地形复杂，天气多变，核心风险为设备故障导致迫降、人员恐慌引发次生事故等。

景区观光低空场景应急救援预案设计要点如表 6-6 所示。

表 6-6　景区观光低空场景应急救援预案设计要点

风险聚焦与场景设计	核心风险点	观光直升机发动机空中停车、飞艇气囊泄漏、突遇强气流而失控、游客突发疾病
	典型演练场景	“载人飞艇在峡谷观光时，遭遇强阵风，导致偏离航线而接近高压线群，舱内 5 名游客出现恐慌情绪” “直升机在湖面观光时，变速箱异响，高度从 300 米骤降至 150 米，需紧急迫降至湖心岛”
救援模块设计要点	地形适配救援	针对山区场景，注重“绳索救援队 + 无人机空投物资”的协同（如向迫降点投放救生衣、信号弹）；针对水域场景，预设“水陆两栖救援车 + 冲锋舟”的快速响应路线（测试从景区入口到湖边的响应时间）
	游客安抚与疏散	进行“乘务员应急话术”演练（如“请保持低姿，抓住座椅扶手，我们正前往安全区域”），测试舱内广播系统在紧急状态下的清晰度
	气象部门联动	与景区气象站建立“分钟级”数据共享（如实时风速、能见度）机制，测试“气象预警 - 设备返航 - 备降场启用”的闭环响应（如能见度降至 800 米时，立即中止观光并返航）
协同机制	需联合景区管委会、消防救援站、医疗急救中心，确定“观光设备操作员 - 景区指挥中心 - 应急救援力量”的信息传递优先级（游客安全状态报告优先于设备故障报告）	

6.2.2.3　农林作业低空场景（植保无人机 / 农林直升机）

农林作业低空场景多为农田、林区，虽远离人口密集区，但地形开阔，核心风险为设备碰撞树木 / 高压电、农药泄漏、森林作业引发火灾。

农林作业低空场景应急救援预案设计要点如表 6-7 所示。

表 6-7　农林作业低空场景应急救援预案设计要点

风险聚焦与场景设计	核心风险点	植保无人机电池起火引燃农作物、直升机喷洒农药时管路破裂导致泄漏、设备失控撞向田间变压器引发停电
	典型演练场景	“大型植保无人机在稻田作业时，电池短路起火，火势借风力蔓延至周边秸秆堆” “直升机在林区喷洒防火药剂时，尾桨碰撞树干导致机身倾斜，需迫降在坡度 20° 的林地”
救援模块设计要点	火灾防控	配置“车载式灭火机器人 + 无人机挂载灭火弹”，测试“初期火灾压制 - 隔离带设置 - 主力消防队接力”的流程（从设备起火到灭火弹投放的响应时间≤ 5 分钟）
	农药泄漏处置	针对有机磷等有毒农药，检验“穿戴防护服进行处置 + 无人机定点喷洒中和剂”的协同，同步设置“周边 500 米水质 / 土壤采样点”，监测污染扩散情况
	设备回收	针对林区迫降场景，开展“无人机三维建模定位设备残骸 + 履带式救援车运输”演练（需避开树木根系密集区，防止二次事故）
协同机制	需联合农业农村部门、林业站、电力公司，确定“作业团队 - 乡镇应急办 - 专业救援力量”的响应链条，重点测试无信号区域卫星通信设备的有效性	

6.2.2.4　应急救援低空场景（救援直升机 / 应急无人机）

应急救援低空场景多为灾害救援（如地震、洪涝），运行环境为灾害现场。核心风险为，设备在复杂环境中故障，增加了救援难度。

应急救援低空场景应急救援预案设计要点如表 6-8 所示。

表 6-8　应急救援低空场景应急救援预案设计要点

风险聚焦与场景设计	核心风险点	救援直升机在地震废墟上空悬停时尾桨卡入钢筋、无人机在洪水区域搜救时因信号干扰而失联、设备故障导致救援人员被困
	典型演练场景	“直升机在垮塌建筑物上空吊装被困人员时，吊索被钢筋勾住，机身因负载失衡而摇晃” “应急无人机在暴雨中搜索失联人员时，摄像头进水失效，且与地面站通信中断”

续表

救援模块设计要点	设备自救与人员脱险	测试直升机“紧急切断吊索 + 快速拉升”的操作（切断装置响应时间≤ 1 秒）；无人机需预设“失联后按最后轨迹返航”模式，搭载应急信标（如北斗定位发射器）
	救援任务协同	制定“多机协同预案”，例如，直升机故障时，立即调度备用机接替，同时用无人机持续监控被困人员状态（传递实时画面至地面指挥中心）
	灾害环境适配	针对地震场景，测试设备在粉尘环境中发动机的进气过滤能力；针对洪涝场景，测试设备防腐蚀处理流程（如救援后 2 小时内的电路烘干流程）
协同机制	作为救援主体，需与消防救援队伍、军队应急力量、医疗救援队伍形成“空地一体”的指挥链，重点测试“设备故障信息—救援任务交接—备用资源调度”的衔接（如利用加密卫星电话确保灾害现场通信畅通）	

6.2.3　全流程管控：预案实施的全流程管理

应急救援预案的实施，需进行全链条管控。

6.2.3.1　分级演练机制

分级演练机制如图 6-1 所示。

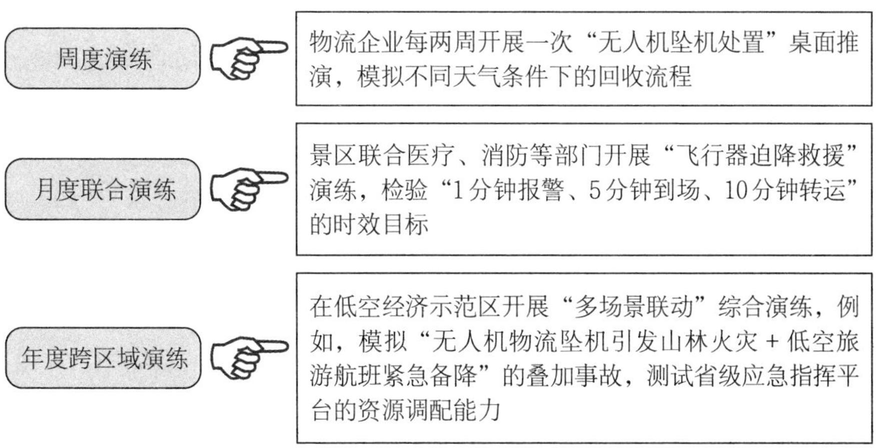

图 6-1　分级演练机制

6.2.3.2 数字化复盘工具

利用应急指挥平台记录每次处置或演练的数据。

（1）自动生成“响应时效分析图”，标注从“预警发出到救援力量到场”每个环节的耗时（如演练中发现医疗团队集结耗时过长，追溯原因是备用车辆调度流程冗余）。

（2）通过数字孪生系统模拟事故场景，对比不同处置方案的效果（如对比“先灭火再搜救”与“边灭火边搜救”的差异）。

6.2.3.3 动态优化机制

建立“双反馈”优化通道，如图6-2所示。

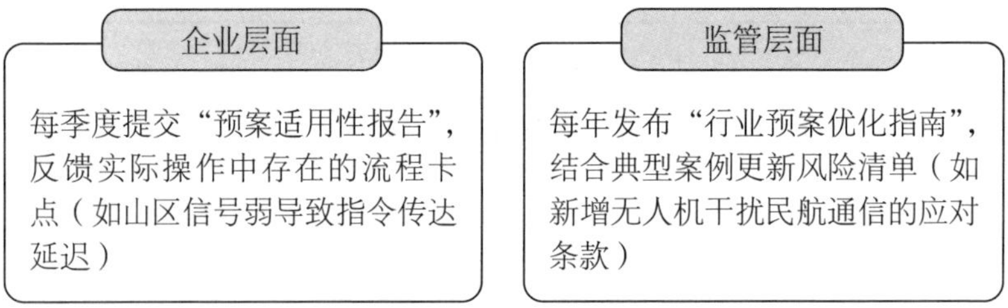

图6-2 “双反馈”优化通道

例如，2024年某景区一架载有6名游客的旋翼机因发动机异响触发应急响应。该景区处置过程如下。

启动响应：飞行员按下紧急按钮后，景区应急指挥中心15秒内收到预警信号，自动调取附近3千米范围内医疗点、消防驻点的信息。

现场处置：地面救援车从专用救援通道抵达，医疗人员通过机载吊舱先将2名头晕游客转运至地面，然后排查发动机故障。

复盘优化：事后景区通过数字孪生系统复盘发现，救援车在弯道减速导致延误2分钟，因此在预案中新增“应急通道弯道拓宽”“救援车加装预警灯”等改进措施。

6.2.3.4 预案落地的保障措施

为促使低空飞行应急救援预案落地，应采取图6-3所示的保障措施。

技术支撑	开发低空应急救援 APP，集成风险上报、资源调度、流程指引等功能，支持企业、政府、公众多端协同
责任绑定	将预案落实情况纳入企业安全生产考核，对未按要求开展演练的企业，禁止其低空运营资质升级
公众参与	通过社区公告栏、景区宣传册公布低空应急响应二维码，鼓励公众发现异常时扫码上报，并对提供有效线索者给予一定奖励

图 6-3　预案落地的保障措施

低空经济应急救援预案的制定与实施，是“风险预判能力”与“快速响应能力”的具象化体现，既要立足当下，又要着眼未来。随着低空经济向“空域融合”“多模态协同”发展，应急救援预案需不断引入新技术、新场景、新主体，实现从“被动应对”到“主动防控”的跨越，成为低空经济安全发展的“隐形盾牌”。

6.3 应急处置：常见突发事件应急处置流程

低空经济突发事件的处置需遵循“快速响应、分级处置、协同联动”原则，针对不同场景的风险特性，制定标准化的处置流程，确保从“事件发生”到“恢复常态”高效衔接。

6.3.1 场景一：物流配送中无人机故障

6.3.1.1 触发条件

无人机出现电池热失控、信号失联、坠机碰撞等情况（飞控系统预警或目击者上报）。

6.3.1.2　应急处置流程

物流配送中无人机故障的应急处置流程如图 6-4 所示。

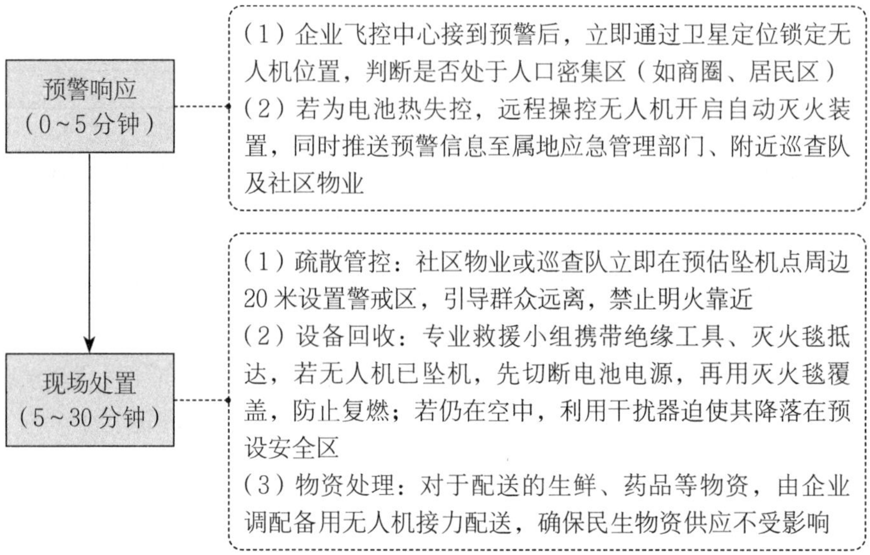

图 6-4　物流配送中无人机故障的应急处置流程

6.3.1.3　后续跟进（30 分钟后）

（1）企业在 2 小时内完成故障原因初步分析，并向监管部门提交应急处置报告。

（2）对坠机点进行环境检测（如电池电解液泄漏情况），必要时联系环保部门处理。

6.3.2　场景二：低空旅游飞行器迫降

6.3.2.1　触发条件

飞行器发动机异响、天气突变（如突遇雷暴）、乘客突发疾病等情况下，需紧急迫降。

6.3.2.2　应急处置流程

低空旅游飞行器迫降的应急处置流程如图 6-5 所示。

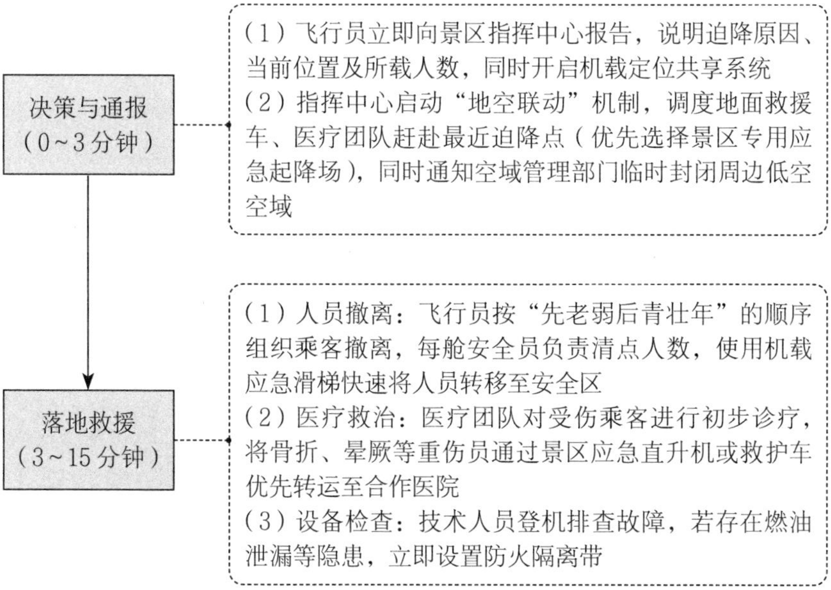

图 6-5　低空旅游飞行器迫降应急处置流程

6.3.2.3　善后处理

（1）景区 12 小时内为受影响游客办理退票或改期手续，并安排专人跟踪伤员治疗情况。

（2）联合民航部门开展迫降原因调查，若为机械故障，追溯设备维保记录；若为天气原因，评估气象预警系统的有效性。

6.3.3　场景三：空中碰撞（含无人机与有人机）

6.3.3.1　触发条件

飞行器之间发生剐蹭或碰撞，出现机体受损、失控等情况（通过机载防撞系统报警或雷达监测发现）。

6.3.3.2　应急处置流程

空中碰撞应急处置流程如图 6-6 所示。

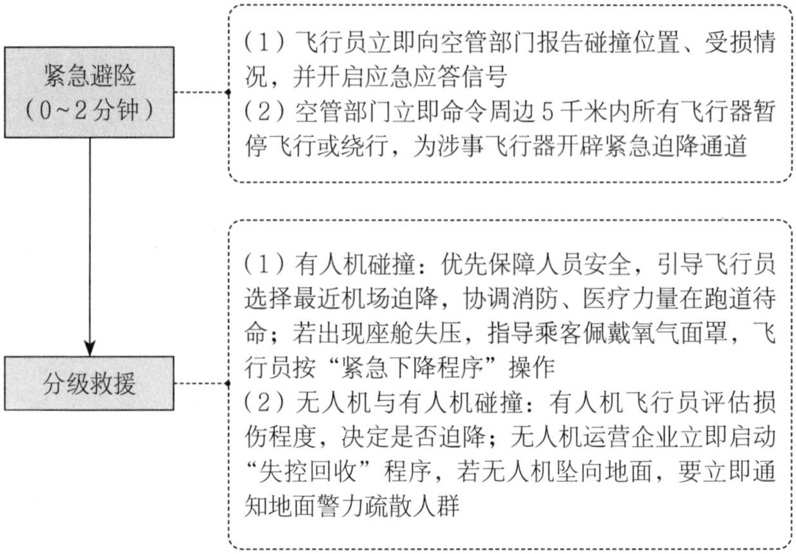

图 6-6　空中碰撞应急处置流程

6.3.3.3　事故处置

（1）空管部门在 6 小时内划定事故调查区域，禁止无关人员进入。

（2）联合公安、民航等部门调取飞行数据，查明碰撞原因（如是否存在违规闯入空域、未开启防撞系统等情况）。

6.3.4　场景四：恶劣天气引发低空险情

6.3.4.1　触发条件

突遇暴雨、大风（风速超飞行器抗风等级）、冰雹等极端天气，导致飞行器颠簸、通信中断。

6.3.4.2　应急处置流程

恶劣天气引发低空险情的应急处置流程如图 6-7 所示。

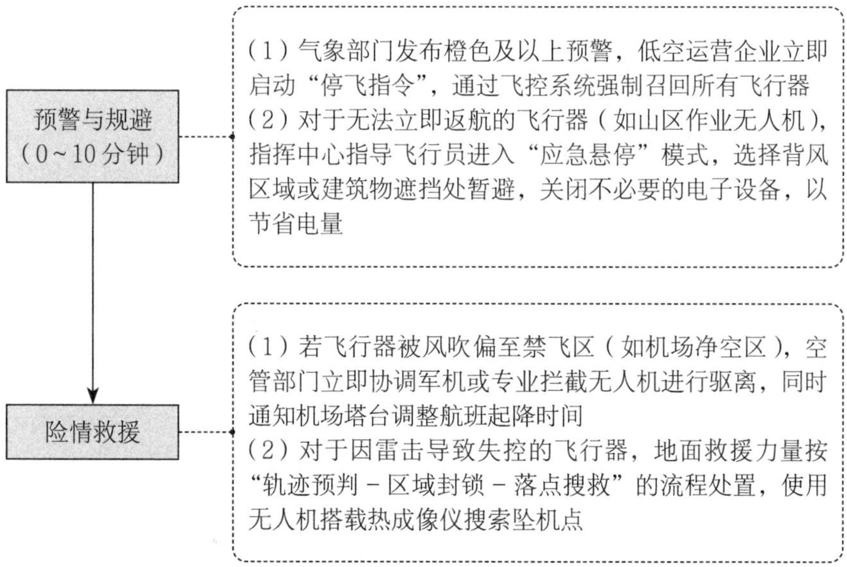

图 6-7　恶劣天气引发低空险情的应急处置流程

6.3.4.3　恢复运营

（1）天气预警解除后，企业对所有飞行器进行通电检测→部件排查→试飞验证，确认无异常后方可复飞。

（2）景区、物流园区等运营方对场地积水、设备受损情况进行排查，修复被风吹倒的起降平台护栏、信号塔等设施。

6.3.5　场景五：低空作业人员突发意外

6.3.5.1　触发条件

作业人员高空坠落、中暑、被野生动物袭击等（智能安全帽报警或同伴上报）。

6.3.5.2　应急处置流程

低空作业人员突发意外的应急处置流程如图 6-8 所示。

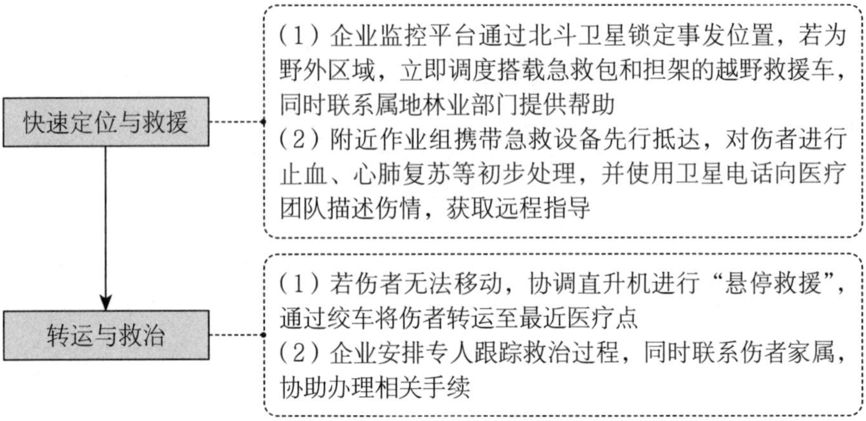

图 6-8　低空作业人员突发意外的应急处置流程

6.3.5.3　隐患排查

（1）事后检查作业防护措施（如安全绳固定、防暑装备佩戴）是否到位，对违规操作责任人进行追责。

（2）联合林业部门在野生动物活跃区域增设警示标识，更新作业路线，避开高风险区域。

6.3.6　场景六：恶意干扰与“黑飞”

6.3.6.1　触发条件

无人机遭遇电磁干扰而失控、“黑飞”飞行器闯入管制空域（如军事管理区、演唱会现场）。

6.3.6.2　应急处置流程

恶意干扰与“黑飞”的应急处置流程如图 6-9 所示。

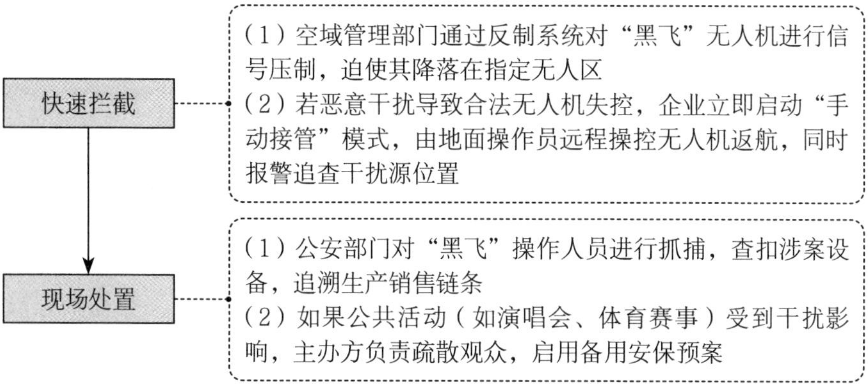

图 6-9　恶意干扰与“黑飞”的应急处置流程

6.3.6.3　长效防控

（1）监管部门在 24 小时内通报案例，督促各运营方加强设备抗干扰能力升级。

（2）在重点区域加装“低空电子围栏”，实现对违规飞行器的自动识别与预警。

6.3.7　注意事项：应急处置流程实施要点

应急处置流程的实施要点如图 6-10 所示。

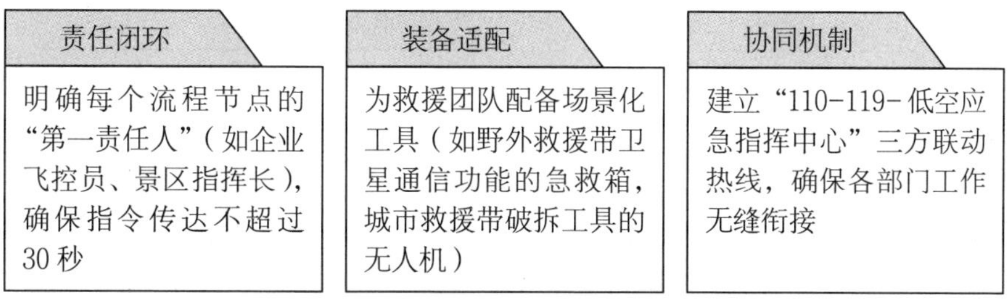

图 6-10　应急处置流程实施要点

应急救援处置流程的落地实施，可将低空领域突发事件的处置效率提升 40% 以上，最大限度地降低人员伤亡和财产损失，为低空经济的安全运行提供刚性保障。

6.4 资源管理：救援设备与物资储备管理

低空活动应急救援的高效性，很大程度上依赖救援设备与物资的有效管理。不同于传统应急救援，低空场景的特殊性（如高机动性、多场景分散性）要求救援设备与物资储备必须兼顾“快速响应”与“精准适配”，在突发事件中“调得出、用得上、能管用”，为应急处置提供坚实的物质保障。

6.4.1 资源分类：设备与物资的分类及场景适配

低空经济应急救援设备与物资需按场景需求精准分类，避免大而全地盲目储备，具体如表 6-9 所示。

表 6-9 低空经济应急救援设备与物资

场景	核心设备	配套物资
无人机作业救援	（1）无人机反制设备（如便携式信号干扰枪、车载式定向干扰系统），可快速迫降失控无人机 （2）模块化搜救无人机（搭载热成像仪、扩音器、抛投装置），可在复杂地形中搜索目标并投放急救包 （3）电池应急处置工具（防爆收纳箱、低温灭火毯、电解液中和剂），可应对无人机电池起火、泄漏等隐患	包括备用电池（适配主流无人机型号）、快拆式螺旋桨、机身加固配件，确保救援无人机持续作业
低空载人飞行器救援	（1）机载应急套件（含应急滑梯、救生筏、消防斧），适配旋翼机、轻型固定翼等载人飞行器 （2）地面救援装备（液压破拆工具组、便携式起重机），用于飞行器迫降后的舱门开启和残骸清理 （3）医疗急救设备（便携式呼吸机、AED 除颤仪、止血凝胶），用于现场重伤员的紧急救治	阻燃防护毯、应急照明灯具、防滑担架，适合夜间或复杂地形救援
野外作业救援	（1）北斗卫星定位信标（支持离线定位，续航≥ 72 小时），用于山区、森林等无信号区域的人员定位 （2）空投式应急舱（含保温睡袋、压缩食品、净水片），可通过直升机投送至被困人员附近 （3）全地形救援车（搭载绞盘、自救铲），可适应泥泞、陡坡等复杂路况	蛇毒血清、防刺手套、森林防火灭火弹，可应对野外生物侵袭和次生灾害

续表

场景	核心设备	配套物资
公共区域救援	（1）低空电子围栏终端（可联合监控摄像头，自动识别违规飞行器） （2）移动应急指挥车（集成卫星通信、视频会商系统），可作为突发事件的现场指挥中枢 （3）无人机群控制系统（可同时调度 10 架以上救援无人机协同作业）	警戒隔离带、应急广播喇叭、一次性防护口罩，用于人群疏散和秩序维护

6.4.2　合理布局：储备地点的科学规划

储备地点布局需遵循“半径适配、密度合理”的原则，根据低空经济活动的密集程度分级设置储备点，形成“全域覆盖、梯次响应”的网络。

6.4.2.1　一级储备中心（城市级）

在低空经济核心区（如无人机物流枢纽、通用机场）布局，储备大型设备（如直升机救援平台、无人机反制车）和通用物资（如医疗急救包、通信设备），覆盖半径 50 千米，响应时间≤ 30 分钟。

例如，深圳前海低空经济示范区的一级储备中心，存放了 2 架应急救援直升机、5 套无人机反制系统，可同时支持 3 个区域的应急救援。

6.4.2.2　二级储备点（区域级）

在商圈、景区、物流园区等活动密集区布局，以模块化集装箱形式储备场景化物资。

例如，低空旅游景区储备机载应急滑梯和医疗套件，物流园区储备电池防爆箱和灭火设备，覆盖半径 10 千米，响应时间≤ 15 分钟。

6.4.2.3　流动储备单元（车载 / 机载）

针对野外作业场景，配置 5～8 辆全地形救援车，每辆车都携带野外急救包、卫星电话、轻型破拆工具；救援直升机搭载空投应急舱和绞车设备，实现“哪里有需求，哪里能抵达”。

6.4.3 物资管理：全生命周期管理机制

6.4.3.1 入库验收与台账管理

（1）建立“双检”制度：设备到货后，技术人员检查参数是否符合标准（如无人机干扰枪的有效射程需≥ 500 米），第三方机构检测物资的质量（如急救包药品的保质期）。

（2）建立数字化台账，记录每件设备的“身份信息”（采购日期、维护记录、存放位置），通过 RFID 标签实现库存动态监控，当物资余量低于 30% 时自动触发补货预警。

6.4.3.2 分级维护与保养

分级维护与保养要领如图 6-11 所示。

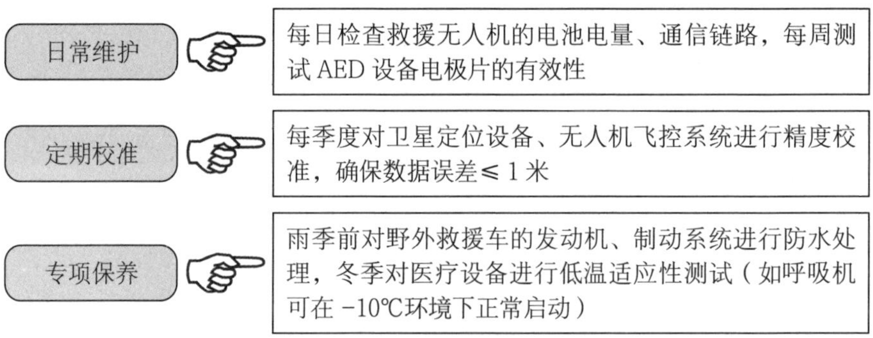

图 6-11　分级维护与保养要领

6.4.3.3 动态更新与淘汰

（1）建立设备更新清单：每年评估设备性能，淘汰抗干扰能力不足的旧款无人机反制设备，采购支持多频段压制的新型号设备。

（2）物资轮换机制：对保质期短的物资（如急救包内的消毒液）实行“先进先出”管理，过期前 3 个月将其调拨至训练基地用于演练，以免浪费。

6.4.4　多方协同：调度与协同机制

6.4.4.1　智能调度平台

开发低空应急救援资源调度系统，整合储备点库存、救援力量位置、实时路况等信息，通过算法自动生成最优调配方案。

例如，当山区发生无人机坠机事故后，系统可自动匹配最近的二级储备点，安排全地形救援车携带卫星信标和急救包进行救援，并规划避开滑坡路段的路线。

6.4.4.2　跨区域协同储备

签订相邻城市资源共享协议，突发重大事件时可跨市调用储备物资。

例如，长三角地区建立了低空经济圈，上海的无人机反制设备可在 1 小时内支援苏州处置“黑飞”。事后由调用方按成本价补充库存。

6.4.4.3　政企联动储备

推动企业承担社会责任：无人机物流企业需在配送中心储备电池应急处置设备，低空旅游景区需按游客承载量的 20% 储备急救物资。政府可通过补贴方式激励企业，并将储备情况纳入运营资质考核。

例如，2024 年某省遭遇强台风，造成山区一架林业巡检无人机失联，2 名操作员被困。应急指挥中心通过调度系统发现，最近的二级储备点（距离事发地 18 千米）存放有全地形救援车和空投应急舱。

（1）调度救援车携带卫星信标出发，同时协调直升机投放应急舱（含食物、保温毯）。

（2）救援车抵达后，通过热成像无人机定位被困人员，并使用绞盘将其转移至安全区域。

事后复盘发现，该储备点急救包内的止血凝胶即将过期。于是启动轮换机制，将全省同批次物资调拨至训练基地。

此次救援，从接到报警到人员获救仅用 2 小时，比传统流程缩短 50%。

低空经济应急救援设备与物资储备管理的本质是“空间布局”“时间效率”与“技术适配”的三维平衡。通过精准分类、科学储备、动态维护、智能调度，可确保突发紧急情况时“物资跟着需求走、设备随着场景变”，让每一台设备、每一份物资都能成为低空经济安全发展的“隐形守护者”。

章后思考

1. 低空经济应急救援体系的构建，你认为哪一原则最为重要？为什么？

2. 当多主体协同配合时，不同主体如何高效配合才能提高应急救援效率？

3. 在景区观光低空场景中，分场景预案设计需重点考虑哪些因素？

4. 应急救援预案实施的过程中，哪个环节最容易出现问题？该如何避免？

5. 物流配送中无人机故障的应急处置，首要步骤是什么？意义何在？

6. 当发生空中碰撞（含无人机与有人机）事故时，应急处置的关键措施有哪些？

7. 恶劣天气引发低空险情时，如何平衡救援速度与救援人员的自身安全？

8. 救援设备与物资分类及场景适配，对提高应急救援效果有何作用？

9. 储备地点的规划应遵循哪些原则？如何确保救援设备与物资快速到位？

10. 如何通过全生命周期管理机制保障救援设备与物资的可用性？

第 7 章 低空服务保障人员管理规范

学习目标

1. 了解人员管理面临的挑战及应对思路。

2. 掌握人员能力保障体系的设计要点，包括“双轨并行”认证和“闭环验证”机制。

3. 明白绩效与激励的精细化管理方式，以及团队协作场景化演练的要点。

低空服务保障的人员管理不仅是流程规范的落地，更是对“人－机－环境”动态适配能力的系统性锻造。在低空经济加速发展的背景下，人员管理面临着技术更新快、场景复杂度高、安全责任重等挑战，运营企业应制定有针对性的应对措施，通过精细化管理，实现“安全底线不突破、服务效能可提升”的双重目标。

7.1 人员管理要点：核心挑战与应对思路

在低空服务保障领域，人员管理面临着多重挑战，不仅影响团队的工作效率，也可能对低空飞行安全构成潜在威胁。

7.1.1 挑战一：技术更新带来的能力断层

7.1.1.1 产生原因及后果

低空经济领域的技术更新速度远超传统行业，智能无人机、电动垂直起降飞行器（eVTOL）等设备的更新周期已缩短至 1～2 年。新设备往往搭载更先进的传感器（如激光雷达、多光谱相机）、更复杂的飞控系统和功能（如自主避障、集群协同），而传统的“持证上岗＋年度定期培训”模式，难以让人员及时掌握新技术，从而出现“设备已更新，人员能力未跟上”的问题。

例如，某景区引进一批 5G+ 北斗双模导航的低空旅游飞行器，原有的驾驶员虽持有基础驾驶执照，但对新系统的“动态航线规划”“多机协同避障”等功能不熟悉，在试运行期间多次出现偏离航线的险情。

7.1.1.2　应对策略：构建动态的技能升级体系

（1）技能矩阵地图的精准搭建

将岗位所需能力分解为图 7-1 所示的核心技能与动态技能两个维度。

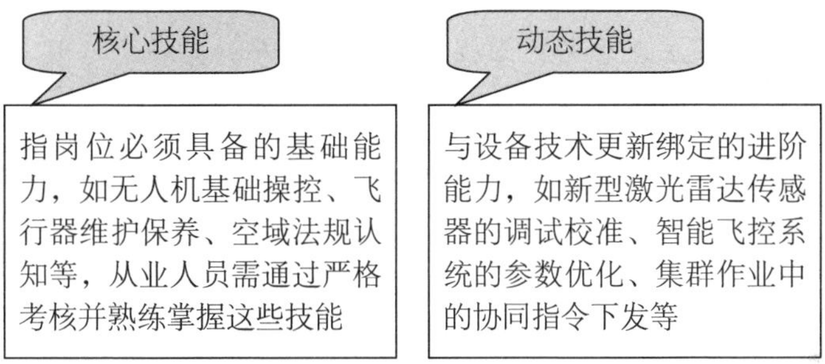

图 7-1　“核心技能＋动态技能”维度

以无人机物流企业的操控员岗位为例，在技能矩阵中，核心技能包含电池安装、手动返航等基础操作；动态技能则根据引入的新设备不断更新，如引入搭载 AI 视觉识别系统的配送无人机后，动态技能新增了“识别目标配送点的算法逻辑校验”“异常包裹的图像回传操作”等。

（2）72 小时快速学会的微课程

针对动态技能，开发模块化、场景化的微课程，确保人员在设备更新后能快速上手。微课程的课程形式和考核机制如图 7-2 所示。

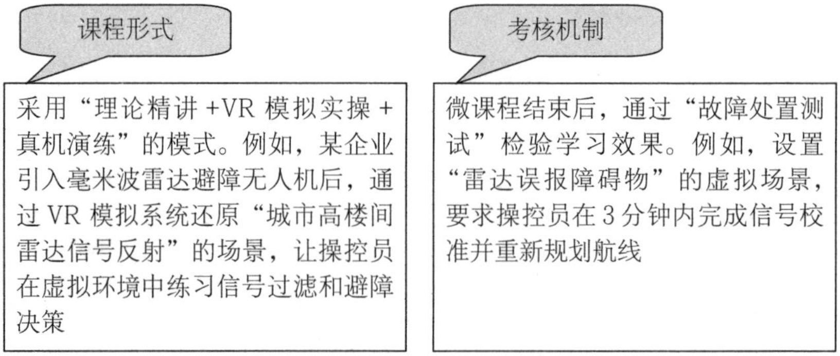

图 7-2　微课程的课程形式和考核机制

例如，某无人机巡检企业为了让员工快速掌握电网巡检无人机“从可见光相机到红外热成像 + 激光雷达双模探测”的新技术，采用技能矩阵地图进行管理。

为老员工开设“激光雷达点云数据处理”微课程，通过 VR 模拟变电站、输电塔等场景，使员工在 2 天内掌握了数据采集和缺陷识别等技巧。

新员工入职时，除核心技能培训外，还要进行动态技能培训。通过“师徒带教 + 微课程”的组合模式，使新员工提前 1 个月就能独立操作新设备。

7.1.2　挑战二：多场景协同时权责模糊

7.1.2.1　产生原因及后果

低空服务保障需要多部门、多团队协同。在大型活动（如音乐节、体育赛事）、跨区域作业（如跨省物流配送）等场景中，无人机团队、地面安检、空管部门、医疗救援团队等主体的决策容易出现冲突，从而延误应急处置时机。

例如，某城市的马拉松赛事中，一架无人机突然失控冲向人群，无人机操控团队认为应先迫降，而地面安保人员则要求先疏散人群，双方因决策分歧浪费了关键的 15 秒，最终导致无人机坠落在无人区域，并造成现场混乱。

7.1.2.2　应对策略：明确场景权责清单与决策优先级

（1）场景权责清单的制定

根据不同作业场景，制定相应的权责清单，明确各参与方的第一响应人和核心职责，如表 7-1 所示。

表 7-1　场景权责清单

序号	场景	第一响应人和核心职责
1	日常配送	无人机操控员为设备故障、航线偏差等问题的第一响应人，拥有优先处置权，例如，发现电池续航不足时，可直接决定返航或降落在附近起降点，并同步向调度中心报备
2	大型展会	空管协调员为空域冲突、违规飞行等问题的第一响应人，可直接命令相关无人机暂停飞行或调整航线，无人机团队和地面安检应无条件配合
3	野外作业	领队为人员安全、设备部署的第一响应人，如遇到暴雨，可中止作业并组织人员撤离，无须等待审批

权责清单需以“场景 - 事件 - 权责人 - 处置流程”的形式呈现，并发放给各团队，要求他们组织专项培训，确保每个人都明白自己的角色。

（2）决策优先级的量化

当多主体的决策出现分歧时，应按“生命安全 > 公共利益 > 设备安全 > 作业效率”的原则确定优先级。

① 危及人员生命安全时，医疗救援人员的决策优先级最高，例如，无人机坠机导致人员受伤时，医疗团队可要求其他团队暂停设备回收，优先配合救治。

② 涉及公共利益（如机场净空区、学校上空）时，空管部门的决策优先级高于企业团队。

③ 仅涉及设备或作业进度时，由操作团队自主决策。

例如，某音乐节期间，组委会联合空管、无人机安保团队、公安、医疗等部门制定了权责清单。

明确空管协调员为空域冲突第一响应人，当发现观众私自放飞的无人机闯入安保空域时，空管协调员可直接安排安保无人机进行驱离，公安人员负责地面拦截，各环节响应时间缩短至 10 秒内。

设置医疗救援优先条款，若安保无人机与其他飞行器发生轻微碰撞且无人员受伤，应优先保障医疗无人机运送急救物资，待医疗任务完成后再处理设备故障。

此次活动中，因权责清晰，成功处置了 3 起空域异常事件，未造成任何安全问题。

7.1.3 挑战三：高压环境下的心理耗竭

7.1.3.1 产生原因及后果

应急救援队员、载人飞行器驾驶员等长期处于“高风险 + 高负荷”状态：应急救援队员需在恶劣天气、复杂地形中执行搜救任务，载人驾驶员需时刻关注乘客安全和设备状态。长期的精神紧绷易导致心理耗竭，表现为注意力不集中、反应速度下降、决策犹豫等，严重时可能引起操作失误。

某调查显示，连续执行 4 次以上紧急救援任务的队员，操作失误率会上升 35%，其中因心理因素导致的“指令执行延迟”占比达 60%。

7.1.3.2 应对策略：心理韧性管理体系的构建

（1）入职前的压力耐受度筛选

针对高压岗位进行“三维测试”，如图 7-3 所示。

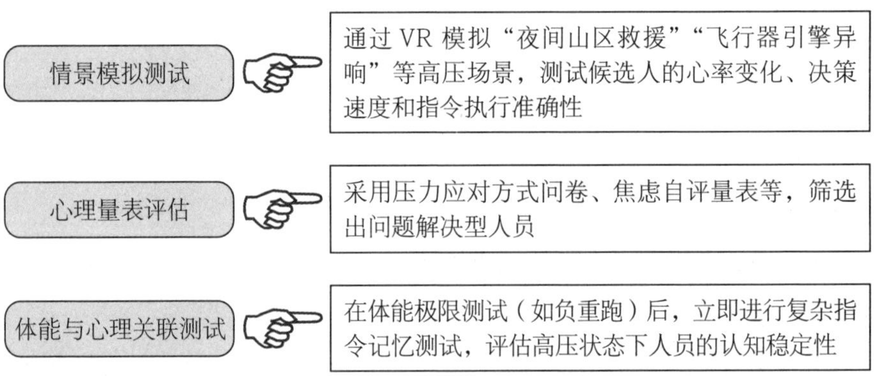

图 7-3　高压岗位的“三维测试”

某应急救援团队通过该测试，将高压岗位人员的筛选准确率提升至 80%，避免了后期因人员心理不适导致的岗位调整。

（2）在岗期间的心理韧性提升训练

在岗期间可对应急救援团队进行心理韧性提升训练，如图 7-4 所示。

情景模拟减压训练

每月组织一次“事故复盘式模拟训练”，在安全环境中重现高风险救援场景，如“无人机坠机引发山林火灾”，通过“重新决策 – 优化流程 – 情绪疏导”，帮助队员脱敏

正念训练与情绪管理

开展“每日 15 分钟正念冥想”，通过呼吸调节和注意力聚焦练习，减轻队员的焦虑情绪；为载人驾驶员配备“情绪监测手环”，当心率、皮肤电活动等指标异常时，自动提醒地面调度员安排其休息

图 7-4　在岗期间的心理韧性提升训练

（3）强制轮休与心理疏导机制

对应急救援团队成员采取强制轮休与心理疏导机制，如图 7-5 所示。

分级轮休制度

对于连续执行 3 次救援任务的队员，强制休整 2 天，其间不得参与任何紧急任务；为累计执行 10 次高风险任务的队员，安排 5 天带薪心理调适假，他们可参与一些户外拓展、艺术疗愈等活动

专职心理支持

配备 2 名以上持国家二级心理咨询师证书的专职人员，采用“个体咨询 + 团体辅导”的方式，如眼动脱敏再加工疗法（EMDR），帮助队员处理创伤记忆

图 7-5　强制轮休与心理疏导机制

例如，某低空救援团队因连续参与台风救援、山区搜救等任务，出现 2 起队员操作失误事件，为此引入心理韧性管理体系。

建立“救援任务 – 心理状态”关联档案，当系统监测到某队员连续 2 次在任务中指令响应时间延长 0.5 秒以上，则自动触发心理评估；

每月开展“团队协作沙盘游戏”，通过模拟救援资源分配场景，缓解队员的决策压力，增强团队的信任感。

该体系实施6个月后，队员操作失误率下降50%，主动提出心理支持需求的比例提升至70%，团队稳定性显著增强。

人员管理的核心挑战，本质上是“人与技术、人与场景、人与压力”的适配问题。通过动态技能体系破解技术更新难题，借助场景权责清单厘清协同边界，依托心理韧性管理应对高压环境，能够构建起“能力可提升、权责可追溯、心理可支撑”的人员管理模式。这些策略落地实施，不仅能降低操作风险，也能提升团队的凝聚力和战斗力，为低空服务保障提供坚实的人力支撑。

7.2 人员能力保障：资质认证与培训评估的进阶设计

在低空服务保障领域，人员的资质认证与培训评估不能停留在“满足基础准入”层面，而是要通过“双轨并行”的资质认证和“学－练－考－用”的闭环培训，实现能力与场景精准匹配，知识向实战高效转化。这一进阶设计既是应对技术更新与场景复杂化的必然要求，也是降低人为失误、提升服务质量的核心。

7.2.1 资质认证：“双轨并行”体系

传统的单一行业执照已无法覆盖低空服务的多元化场景，“行业强制执照＋企业场景化认证”的双轨体系，既能确保人员具备基础的安全操作技能，又能满足细分场景的专业化需求。

7.2.1.1 行业强制执照：筑牢安全底线

行业强制执照（如AOPA无人机驾驶员执照、民航驾驶员执照）是人员进入低空服务领域的“准入证”，由国家或行业主管部门统一考核颁发，要求从业人员熟练掌握通用安全规范和基础操作技能。

例如，AOPA超视距驾驶员执照考核涵盖无人机法律法规、空气动力学基础、应急返航操作等核心内容，是进行商业无人机飞行的法定要求。这类执照的考核标准全国统一，具有权威性和通用性，可跨企业、跨区域流动。

7.2.1.2　企业场景化认证：满足细分需求

场景化认证由企业根据自身业务特点和风险场景自主决定，是对行业执照的补充和深化，侧重特定场景下的高阶能力。常见的场景化认证如表 7-2 所示。

表 7-2　常见的场景化认证

场景化认证	适用人员	考核内容	考核方式
城市峡谷飞行认证	在高楼密集区域（如 CBD、城中村）飞行的人员	（1）复杂建筑群中的动态避障能力（如识别阳台晾晒物、低空飞鸟） （2）信号反射区的定位与修正（例如，在玻璃幕墙间飞行时，通过多传感器融合数据修正 GPS 偏差） （3）紧急情况下迫降的选址（如快速识别屋顶平台、狭窄巷道等临时安全区域）	采用“VR 模拟（60%）+ 真机实操（40%）”考核方式，模拟 10 种以上突发场景，要求学员在 5 分钟内完成安全处置
夜间应急救援认证	夜间执行搜救、物资投送任务的人员	（1）低光环境下的设备操作（如热成像仪的参数调整、夜视仪与无人机灯光的协同使用） （2）人员搜救技巧（如通过红外信号识别被困者、用激光指示器标记目标位置） （3）夜间空域感知能力（如识别地面灯光与空中障碍物、判断风速风向）	通过“全黑环境模拟救援”进行实操考核，要求在 30 分钟内完成指定区域的目标定位与报告
跨境物流认证	跨境配送的无人机操控员	（1）跨境空域管理法规（如中越边境无人机飞行的申报流程、欧盟对无人机物流的隐私保护要求） （2）多语言通信能力（如用英语、越南语进行简单的空管指令沟通）	配合海关查验（如无人机载货舱的合规设计、电子报关数据的实时上传）

例如，某跨境电商物流企业主要从事中泰边境的生鲜无人机配送，在行业强制执照的基础上，进行了跨境物流专项认证。在认证考核中，模拟“泰方临时管控空域”“冷链箱温度异常”“双语指令沟通失误”等场景，要求员工在 15 分钟内完成航线调整、应急降温、指令澄清等操作；通过认证的人员，被授予“跨境物流操控师”资格，任务分配的优先级高于未认证人员。

基于此，跨境配送的合规率从82%提升至99%，因法规不熟悉导致的滞留海关事件从每月3起降至0起，客户投诉率下降了65%。

7.2.2 培训评估:“闭环验证”机制

“学完即止”“重考试轻应用”的传统思维，导致人员难以将理论知识应用于实践中。而“学－练－考－用”的闭环机制，通过全链条设计，可以让培训内容真正转化为人员的实战能力。

7.2.2.1 学：问题导向的案例式学习

摒弃“教材章节通读”的传统培训模式，以真实案例为核心组织教学，让学员在解决问题的过程中掌握相关知识。

例如，无人机电池起火处置：

① 呈现事故全貌（如某物流无人机在居民区坠落，电池短路引发火灾）。

② 拆解关键问题（电池过热的早期征兆有哪些？起火后如何避免二次爆炸？坠机后如何配合消防救援？）。

③ 组织学员结合法规和技术手册，讨论“如果是我，该如何操作”。

④ 由教员讲解标准化处置流程。

这种方式使学员的学习目标更明确，对知识的理解更深刻，比单纯记忆条文更有效。

7.2.2.2 练：加入故障的压力式训练

在模拟系统中植入各类故障，模拟真实飞行中的突发情况，让学员在压力下提升应变能力。训练可设置三级难度，如图7-6所示。

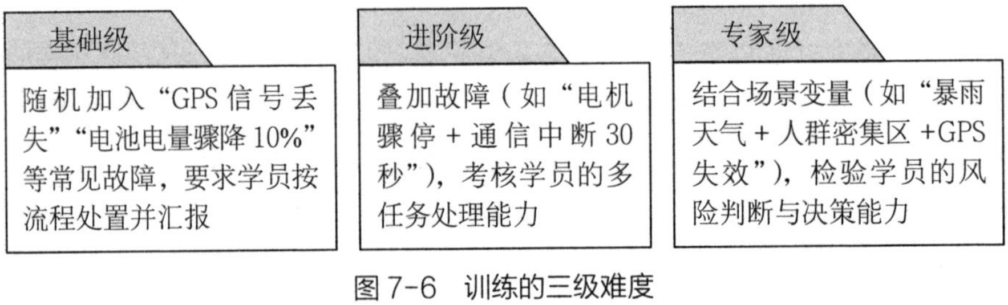

图7-6 训练的三级难度

某无人机培训基地的数据显示，经过 100 小时压力训练的学员，实战中的故障处置正确率提高了 58%。

7.2.2.3　考：360 度的立体化评估

360 度立体化评估突破了“仅看操作结果”的单一模式，从多维度评估学员的综合表现，如表 7-3 所示。

表 7-3　多维度评估学员的综合表现

序号	维度	评估内容
1	操作结果（40%）	如任务完成度、设备完好率、时间控制等
2	流程执行（30%）	是否严格执行“起飞前检查 - 过程汇报 - 应急处置 - 返航总结”的流程，例如，某次考核中，学员虽成功完成配送，但因未及时向调度中心报告中途航线调整，使得该环节得分为零
3	团队协作（20%）	在多人协作的任务中（如集群配送），评估学员的指令响应速度、信息共享程度
4	安全意识（10%）	如是否主动规避禁飞区、是否保持足够的应急电量等

评估主体应包括教官、同组成员、模拟任务中的“客户方”（如扮演收货人评估服务态度），确保评估的客观性。

7.2.2.4　用：实战导向的知识转化

将培训核心内容转化为实战工具（如图 7-7 所示），确保学过就会用。

口袋手册

编制应急处置速查手册，以“故障类型 - 处置步骤 - 禁忌事项”的形式呈现。例如，电池起火：1. 切断电源；2. 投掷灭火毯；3. 远离 5 米并设置警戒；4. 报告调度

记忆口诀

将复杂流程简化为口诀，如 10 秒应急处置口诀：一看（故障现象），二判（风险等级），三操作（关键步骤），四汇报（同步信息）

扫码学习

在设备关键部位（如电池仓、遥控器）粘贴二维码，学员扫码即可观看该部件的常见故障处理视频

图 7-7　实战导向的知识转化

例如，某低空旅游公司对载人飞行器驾驶员实施“学－练－考－用”闭环培训，成效显著。

（1）以“20××年某景区飞行器撞山事故”为案例，组织驾驶员分析“地形预判不足”“应急操作犹豫”等问题，并形成山区飞行五步法。

（2）在模拟训练中注入发动机异响与游客恐慌双重问题，要求驾驶员在安抚游客的同时完成迫降，训练其“操作＋沟通”能力。

（3）考核中发现3名驾驶员操作熟练但汇报不及时，加强流程训练后，团队协作评分提升了40%。

（4）为驾驶员配备了应急处置口袋手册，在一次突发强气流事件中，帮助驾驶员在10秒内启动“抗风模式”，避免了险情升级。

半年后，该公司的飞行事故率下降70%，游客对“应急处置专业性”的满意度达96%。

资质认证与培训评估体系的进阶设计，本质是“能力供给”与“场景需求”的精准匹配。“双轨并行”的资质认证既守住了行业安全底线，又实现了能力的差异化提升；“学－练－考－用”的闭环培训则打破了“培训与实战脱节”的痛点，让知识真正转化为解决问题的能力。对于低空服务保障企业而言，这种进阶设计不仅能降低安全风险，还能提升团队的核心竞争力。在技术快速更新、场景日益复杂的低空经济时代，“人”的能力始终是最不可替代的优势。

7.3 人员激励机制：绩效与激励的精细化管理

在低空服务保障领域，绩效与激励体系不能简单沿用“一刀切”的传统模式，而是要通过“安全权重动态调整”的绩效考核，实现风险与指标匹配；借助“物质＋成长＋社会认同”的三维激励模型，提高人员的安全意识与工作热情。这种精细化管理，既是平衡安全与效率的关键，也是留住核心人才、提升团队战斗力的核心手段。

7.3.1　绩效考核:“安全权重动态调整”机制

绩效考核主要起到“指挥棒”的作用，根据场景风险等级，动态调整安全指标与效率指标的权重，引导人员在不同场景下作出正确决策——既不盲目追求效率而忽视安全，也不因过度保守而影响服务质量。

7.3.1.1　风险等级的场景化分类

根据低空服务场景的特性，将作业风险划分为三级，如图 7-8 所示。

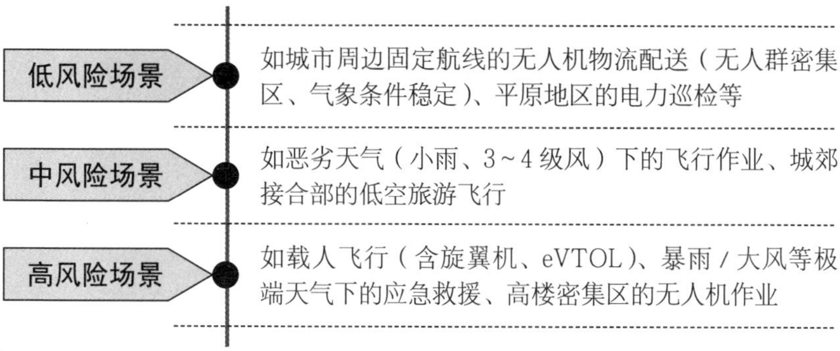

图 7-8　作业风险的级别

7.3.1.2　指标权重的差异化配置

根据风险等级，调整安全指标与效率指标的占比（如表 7-4 所示），确保考核导向与场景风险相匹配。

表 7-4　基于风险等级的指标权重差异化配置

场景类型	安全指标（占比）	效率指标（占比）	核心逻辑
低风险（如普通配送）	50%（飞行安全记录、设备完好率、违规操作次数、应急处置合规性）	50%（任务完成率、准时送达率、单架次成本控制、油耗 / 电量消耗）	安全与效率并重，鼓励在合规的基础上提升服务效率
中风险（如恶劣天气作业）	80%（风险预判准确性、设备检查细致度、应急流程执行完整性、禁飞区规避情况）	20%（任务延误时长、二次调度次数）	以安全为前提，允许适度牺牲效率，避免因赶工引发事故

续表

场景类型	安全指标（占比）	效率指标（占比）	核心逻辑
高风险（如载人飞行）	100%（乘客安全满意度、设备定期维护达标率、航线偏离预警响应速度、紧急迫降演练通过率）	0%（效率指标不纳入考核）	安全是唯一底线，任何情况下都不得因追求准点率、任务量而降低安全标准

7.3.1.3 指标的量化与细化

应避免模糊表述，将指标转化为可直接衡量的数据，例如：

安全指标中的设备完好率为月度设备故障次数≤ 1 次 /100 架次。

效率指标中的准时送达率为实际送达时间与计划时间的偏差≤ 10 分钟的订单占比。

载人飞行的应急流程执行完整性为从发现险情到启动应急程序的时间≤ 30 秒，乘客疏散引导步骤无遗漏。

例如，某物流企业对“城市配送”与“山区应急物资运输”两类场景，实施差异化考核。

城市配送（低风险）：某操作员月度完成 100 架次配送，有 2 次未按规定检查电池（安全指标扣 10 分），但准时率 100%（效率指标得满分），最终绩效得分为 90 分（合格）。

山区应急物资运输（高风险）：某次暴雨天气下，操作员为确保安全，临时取消 2 架次运输（效率指标不扣分），但因严格执行“起飞前 3 次设备检查”（安全指标满分），该任务绩效直接记为优秀。

实施动态考核后，该企业的安全事故率下降 45%，其中中高风险场景的违规操作减少了 60%。

7.3.2 激励体系：“三维驱动”体系

单纯的物质奖励难以满足低空服务人员的多元化需求。“物质 + 成长 + 社会认同”的三维激励体系，既能通过物质回报保障员工的基本需求，又能通过成长通道和社会认同满足员工的高阶需求，从而形成“短期激励 + 长期绑定”的良性循环。

7.3.2.1　物质激励：与绩效指标精准挂钩

物质激励应突破“固定工资 + 年终奖金”的传统模式，设计与绩效指标直接关联的动态奖励机制，如图 7-9 所示。

安全积分池

每累计 100 小时无安全事故或违规操作，可获得 100 积分。用积分可兑换“设备优先使用权”（如使用最新款无人机）、“带薪安全假”（3～5 天）或等值奖金

场景化绩效奖金

根据不同场景的考核结果发放奖金，例如，低风险场景下“效率达标 + 安全达标”，可获得 1.2 倍的基础奖金；高风险场景下“安全满分”即可获得全额奖金，无须考虑效率

安全创新奖

鼓励员工提出安全优化建议，例如，某操作员提出“电池预热流程优化方案”，使低温环境下电池故障率减少 50%，因此获得企业颁发的“安全创新奖”（相当于 3 个月工资）及专利署名权

图 7-9　与绩效指标直接关联的动态奖励机制

7.3.2.2　成长激励：搭建职业发展快车道

为优秀员工提供“能力提升 + 权限拓展”的成长通道（如图 7-10 所示），以满足其职业发展需求。

技术带头人计划

推选安全记录优异、技术能力突出的员工担任“场景化技术带头人”，并赋予其三项权限：主导小范围技术改造（如优化无人机巡检路线、改进载人飞行器客舱布局）、参与新设备采购评估、带教 3～5 名新员工

跨场景培训机会

为连续 6 个月绩效考核优秀的员工提供跨场景培训机会，例如，让城市配送操作员参加“夜间应急救援”培训，拓宽能力边界，为企业培养多能工或管理人员奠定基础

学历与资质补贴

支持员工考取高阶资质证书（如民航教员执照、高级无人机系统工程师认证），企业可承担 50%～100% 的培训费用，并在学习期间为员工发放全额工资

图 7-10　“能力提升 + 权限拓展”的成长通道

7.3.2.3 社会认同：增强职业荣誉感

通过外部宣传与内部认可的形式（如图 7-11 所示），让员工感受到职业价值。

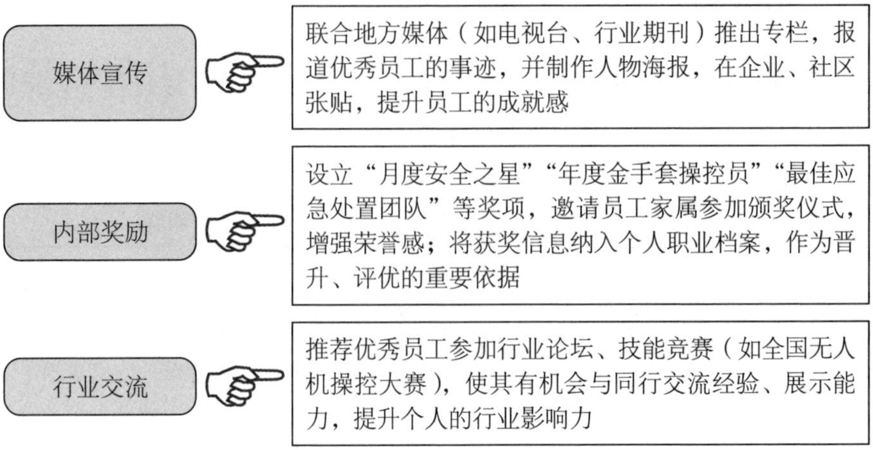

图 7-11　增强职业荣誉感的形式

例如，某应急救援团队因任务风险高、压力大，人员流失率每年达 20%，因此引入三维激励模式。

物质层面：设立“救援安全积分”，每 100 积分可兑换 5 天带薪假。某队员因连续完成 10 次高风险救援且零失误，获得了 15 天假期及家属体检套餐。

成长层面：选拔 3 名骨干担任“技术带头人”，主导“无人机夜间搜救设备升级”项目，其中 1 人因项目成果被评为“市级技术能手”。

社会认同层面：与本地报社合作报道“山地救援 9 小时”事迹，让队员觉得自己的工作特别有意义。

一年后，该团队人员流失率降至 5%，主动报名参与高风险救援任务的人数增加了 30%，救援成功率提升了 15%。

绩效与激励的精细化管理，主要是用考核指挥行为，用激励激活潜能。安全权重的动态调整，确保不同风险场景下的考核始终与“安全优先”的核心原则一致；三维激励体系则从物质到精神全面满足人员需求，使其思想从“要我安全”转变为“我要安全”。对于低空服务保障企业而言，这种精细化管理不仅能降低安全风险、提升运营效率，还能形成“高安全 - 高满意度 - 高留存率”的良性循环，让企业在激烈的市场竞争中赢得核心优势。

7.4 团队高效协作：有针对性的场景化演练

团队协作能力的提升离不开有针对性的场景化演练，通过模拟真实工作中的复杂情境，可让不同角色、不同层级的人员在实践中团结协作，形成“召之即来、来之能战、战之必胜”的高效协作模式。

7.4.1 跨部门协作:“沉浸式沙盘”演练

跨部门协同是低空服务保障中的难点，因为涉及空管、消防、医疗、企业等多个主体，往往会出现职责交叉、信息壁垒等情况，导致响应滞后。“沉浸式沙盘”通过 1∶1 还原真实场景、植入突发变量，能使各部门打破壁垒，形成高效的协同机制。

7.4.1.1 场景设计与角色赋能

选取“无人机闯入机场净空区引发航班延误”“大型演唱会期间无人机群失控”等高风险、多主体参与的场景，按“真实事件还原度≥ 90%”的标准搭建模拟环境。

例如，在“无人机闯入机场净空区”沙盘演练中：

模拟指挥中心：完全复刻机场塔台布局，配备与真实空管系统同源的数据链，可实时生成无人机飞行轨迹、航班起降计划等数据。

参演人员按“角色卡”明确权责：空管员负责空域调配与指令下达，无人机操作员负责远程操控与迫降，消防员携带真实装备负责现场警戒与残骸清理，医疗人员准备急救箱待命，公安人员负责对违规操作人员进行现场处置。

7.4.1.2 变量植入与过程管控

在演练中设置 3~5 个“突发变量”(如图 7-12 所示)，模拟真实场景中的不可控因素，考验团队的协作能力。

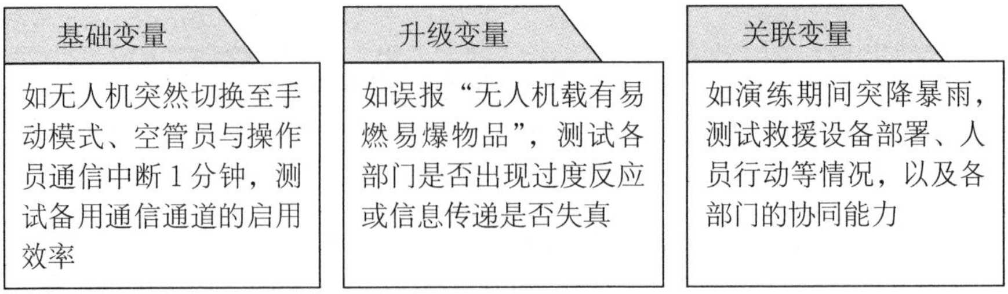

图 7-12　突发变量类别

演练全程由第三方观察员记录“响应时间节点”（如从发现闯入到启动迫降的耗时）、“信息传递准确率”（如空管指令被操作员正确接收的比例）等关键数据。

7.4.1.3　复盘优化与预案完善

演练结束后，可通过三维复盘法（如图 7-13 所示）生成协作漏洞报告。

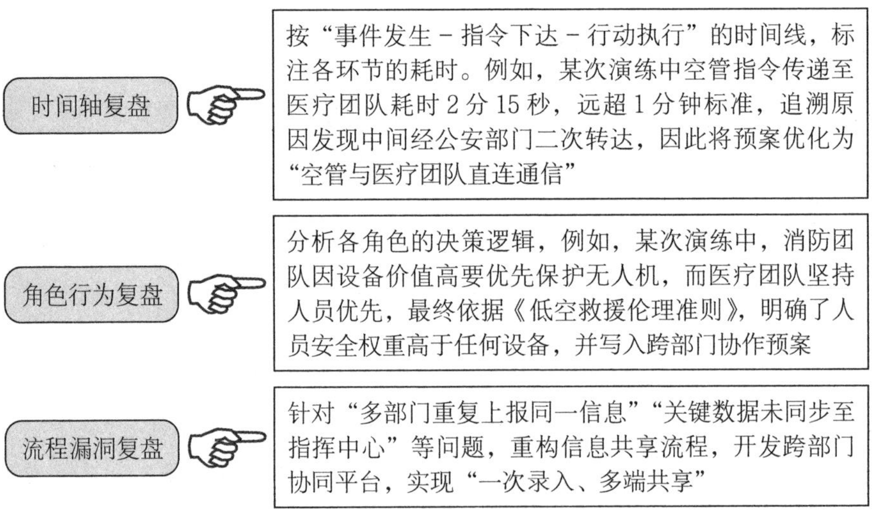

图 7-13　三维复盘法

例如，2024 年，某国际机场联合当地公安、消防、无人机物流企业开展“无人机闯入净空区”沉浸式沙盘演练，设置了“无人机伪装成鸟类规避雷达监测”“操作员故意切断通信链路”等变量。演练过程中出现三大问题：

（1）空管与公安对“谁有权强制击落无人机”产生争议，延误了处置时机。

（2）消防团队因未提前获取无人机电池类型，携带的灭火设备不匹配。

（3）医疗团队与指挥中心通信中断后，无法及时获知受伤人员位置。

复盘后，机场立即进行三项优化：

（1）明确空管部门为净空区应急决策第一责任人，可直接下达击落指令。

（2）建立无人机设备参数共享库，消防、医疗等部门可实时查询机型、电池类型等信息。

（3）为各部门配备北斗卫星通信终端，确保极端情况下通信不中断。

半年后复演，同类场景的处置效率提升 40%，信息传递准确率达 100%。

7.4.2　一线团队建设："结对成长计划"实施

一线团队（如无人机操控组、地面维护组）的协作，依赖"技术默契"与"隐性知识传递"。新老员工"1+1"结对的成长，既能快速提升新员工的实操能力，又能将老员工的经验沉淀为团队共享资产，形成"传帮带"的良性循环。

例如，某电力公司的山区高压线路巡检团队，因地形复杂、信号差，新员工独立上岗需 3 个月，且初期故障率较高。实施"结对成长计划"后：

老员工王师傅将"如何在峡谷区域通过山壁回声判断无人机位置""雨天巡检时如何避免设备进水"等经验，整理成山区巡检 100 个实操技巧。

新员工小李结合大学所学的无人机编程知识，提出"基于地形数据的自动避障航线优化算法"，师徒合作，使巡检效率提升 20%，故障返航率下降 65%。

2 个月后，小李提前独立上岗，成为同批次新员工中首位能单独完成复杂地形巡检的人员，师徒二人的协作案例被纳入公司一线团队赋能手册。

一线团队"结对成长计划"的实施框架与关键动作如下所示。

7.4.2.1　精准结对与目标拆解

按"技能互补、性格适配"原则匹配师徒，例如，将擅长设备维修但沟通弱的老员工与理论扎实但实操不足的新员工结对，明确"3 个月独立操作、6 个月参与复杂任务"的阶段性目标，并拆解为可量化的子任务。

第 1 个月：老员工带新员工完成 10 次常规飞行，了解全流程操作（从设备检查到返航维护）。

第 2 个月：新员工独立完成 5 次飞行，老员工全程监督并记录失误点。

第 3 个月：师徒共同参与 1 次应急演练，新员工主导处置，老员工辅助决策。

7.4.2.2　传递隐性知识的场景化载体

老员工的“非标准操作经验”往往是应对复杂场景的关键，需通过场景化教学展现，如图 7-14 所示。

案例教学手册：老员工将“信号弱区定位”的经验转化为“三看二测一对比”操作法（看地形起伏、看建筑物阴影、看太阳方位；测剩余电量、测信号强度；对比预设航线偏差），配上实际场景照片和视频，形成可视化手册

故障处置复盘会：每周由师徒共同梳理当前遇到的设备小故障（如电池接触不良、螺旋桨轻微异响），老员工演示非手册操作技巧，如用酒精棉擦拭电池触点解决接触问题，新员工记录并在模拟环境中练习

风险预判模拟：老员工根据天气、地形等条件，提出假设问题，如“在山区飞行时突遇浓雾，你负责操控无人机保持悬停，我去架设地面信号增强器，我们的手势沟通信号是什么”，以强化新员工的协同意识

图 7-14　场景化教学

7.4.2.3　创新激励与成果转化

企业可设立“师徒创新基金”，当新员工提出的优化建议被采纳后，师徒共同获得奖励（如奖金、培训机会），并将创新成果纳入企业知识库。

例如，在某无人机配送团队中，某新员工发现地面充电插座布局分散，换电池耗时过长，因此提出了“按航线节点设置集中充电柜”的建议。被采纳后，单架无人机日均续航时间增加了 1.5 小时，师徒因此获得了“流程优化奖”。

某低空旅游公司的新员工发现，游客上下飞行器时，老员工需重复讲解安

全须知，效率很低。因此与师傅合作设计了“语音提示＋图文卡片”的双重复核机制，使讲解时间从每人3分钟缩短至1分钟。该方法在全公司得到推广。

团队协作的“场景化演练”不是简单“走过场”，而是通过真实场景复刻－变量考验－复盘优化，将“纸上协作”转化为“肌肉记忆”。跨部门的“沉浸式沙盘”演练解决了多主体协同的权责模糊问题，一线团队的“结对成长计划”则实现了技能与经验的代际传递。从实际效果看，经过场景化演练的团队，应对突发事件时响应速度平均提升35%，协作失误率降低50%以上。

章后思考

1. 技术更新带来的能力断层，对低空服务保障人员的职业发展会产生哪些影响？可采取哪些应对措施？

2. 多场景协同的权责模糊问题，会产生哪些工作疏漏？如何明确不同场景下人员的权责？

3. 针对高压环境下人员的心理耗竭，管理者可以从哪些方面进行干预和疏导？

4. 在资质认证的双轨并行体系中，行业强制执照和企业场景化认证分别发挥什么样的作用？二者如何互补？

5. 闭环验证机制中的“加入故障的压力式训练”，能帮助参训人员提升哪些方面的能力？

6. “360度的立体化评估”与传统评估方式相比，在衡量培训效果上有何优势？

7. 绩效考核的“安全权重动态调整”机制，为何能更好地平衡安全与效率之间的关系？

8. 激励机制的“三维驱动”体系包含哪些维度？如何充分调动人员的积极性？

9. 跨部门协同的“沉浸式沙盘”演练，对提升复杂场景下的团队协作能力有何帮助？

10. 一线团队的“结对成长计划”如何促进新手快速适应工作？

第8章 低空服务保障信息化建设路径

学习目标

1. 了解信息化技术在日常运营、设备与人员管理及应急处置等场景的应用。

2. 掌握低空服务保障信息化建设的核心目标、关键模块及实施路径。

3. 明白数据安全与隐私保护的核心措施及应急处置要点。

随着低空经济的快速发展，无人机物流、低空旅游、应急救援等场景日益复杂化，依赖人工调度和纸质记录的传统服务保障模式已难以满足高效运营的需求。信息化建设作为低空服务保障的“智慧大脑”，通过物联网、大数据、人工智能等技术的深度融合，实现了飞行任务全流程数字化、智能化管理。本章将系统阐述信息化技术的应用场景、信息系统的架构与功能，以及数据安全与隐私保护的核心措施，为构建高效、安全、可靠的低空服务保障体系提供全面指引。

8.1 信息化场景：技术在服务保障中的应用

信息化技术在低空服务保障中的作用，是通过将技术深度融入具体的业务场景，解决传统模式下的发展瓶颈与安全隐患。从日常运营的精准调度到突发事件的快速响应，从设备的全生命周期管理到人员能力的动态提升，技术的渗透正在重塑低空服务保障的流程与标准，实现“效率提升”与“安全加固”的双重目标。

8.1.1 日常运营场景：驱动全流程优化

日常运营是低空服务保障的高频场景，信息化技术通过打通“需求－资

源 – 执行”的全链路，助力企业实现从“被动响应”到“主动服务”的转型。

8.1.1.1　低空物流配送：数字化链路的降本增效

物联网与大数据技术的结合，让无人机配送从“人工规划 + 经验调度”升级为“智能预测 + 动态优化”。

（1）智能调度与资源匹配

智能调度与资源匹配作为核心引擎，不仅解决了传统模式下的效率问题，还构建了“低成本、高弹性、可持续”的运营体系。未来，随着 5G 专网、数字孪生等技术的应用，调度系统将实现虚实结合的仿真优化。例如，通过数字孪生技术模拟不同调度方案的效果，然后将最优方案落实到实体场景中，进一步释放数字化的降本增效潜力。对于低空物流企业而言，尽早布局智能调度系统，将成为其在行业竞争中获得成本优势的关键。

例如，某生鲜电商无人机配送企业在 300 平方千米的城市区域内运营 50 架冷链无人机，通过全链路数字化实现了“日均配送 1000 单、损耗率低于 2%”的目标，达到行业领先水平。其智能调度与资源匹配的核心做法包括：

需求预测：根据用户下单习惯（如上班族多在 18～20 点下单）、生鲜品类保鲜期（如草莓需 4 小时内送达），系统每日生成“时段 – 区域 – 品类”的需求预测，提前在社区周边的智能柜部署备用无人机。

动态航线：针对生鲜“低温保存”的特征，优先选择阴凉遮蔽的路段，并实时监测无人机冷藏箱的温度。当温度超过 8℃时，自动调整路线至最近的补冷站（配备快速制冷设备）。

人员匹配：为每架无人机配备 2 名操作员（主副岗）。系统根据操作员的实时位置和技能标签（如擅长冷藏设备操作），自动分配订单任务。

实施数字化全链路后，该企业的生鲜配送成本下降了 22%，订单准时率从 80% 提升至 95%，损耗率从 5% 降至 1.8%，充分证明了智能调度与资源匹配的降本增效作用。

（2）精准导航与安全管控

北斗定位模块（定位精度达 1 米）与电子围栏系统联动，在无人机起飞前自动加载禁飞区（如机场净空区、政府机关上空）和临时管控区域（如大型活动现场）数据。

例如，某同城配送企业因无人机频繁偏离航线被投诉，因此引入了定位技术。系统会在无人机偏离规划航线 3 米时自动发出预警，提醒操作员远程修正；若偏离超过 5 米，则触发强制返航功能。实施 3 个月后，企业的航线偏离率从 8% 降至 1.2%，安全事故率为零。

（3）无纸化签收与全程追溯

电子签收系统可通过“无人机扫码 + 用户确认”完成交接，用户在手机端签署电子回执后，数据实时同步至区块链存证平台，确保不被篡改。相比传统纸质签收，该模式使签收记录的查询时间从 15 分钟缩短至 30 秒，因丢失导致的纠纷率下降 90%。

例如，某药店通过该系统配送急救药品，患者家属后续如需追溯药品运输轨迹，可直接扫码查看每一段航程的时间、位置及温控数据。

8.1.1.2 低空旅游管理：技术赋能的体验与安全双提升

人工智能与可视化技术的应用，让低空旅游从“粗放式运营”转向“精细化管理”。

（1）智能预约与风险前置

景区的低空旅游预约系统与空域管理平台、气象部门数据实时联动，当游客预约时，系统会自动校验三项条件。

① 该时段空域审批的最大承载量（如每小时允许 8 架次飞行）。

② 未来 2 小时的气象数据（如风速≤ 5 级、能见度≥ 3 千米）。

③ 游客是否填写“健康告知书”（如是否有高血压等禁忌证）。

若某时段预约人数超过承载量，系统会自动推荐其他时段并给予折扣优惠；若气象条件不达标，系统则直接关闭预约通道。

（2）实时监控与应急干预

载人飞行器搭载 4K 高清摄像头和生物识别传感器，地面监控中心通过 AI 算法可实时分析座舱内人员状态。当识别到游客出现“连续 30 秒心率超过 120 次 / 分”“身体大幅晃动”等异常情况时，系统自动标注“潜在不适”，并向驾驶员发送提示；若游客出现面色苍白、呼吸急促等严重症状，系统立即触发声光报警，强制弹出“是否返航”的选项。

（3）透明化服务与体验闭环

行程结束后，系统自动生成包含“三维飞行轨迹、实时气象曲线、驾驶员资质信息、服务评价入口”的电子报告，并通过短信链接推送至游客手机。游客可查看本次飞行的详细细节，也可对服务进行评分。

例如，某旅游企业的数据显示，可视化功能使游客满意度从 82% 提升至 96%，因“信息不透明”导致的投诉下降 85%。

8.1.2　设备与人员管理场景：构建精准化管理体系

设备与人员是低空服务保障的核心要素，通过信息化技术的数据驱动决策，可实现设备状态的精准管控与人员能力的动态适配。

8.1.2.1　设备全生命周期管理：从“故障维修”到“风险预测”

传感器与预测算法的深度应用，让设备管理突破“事后补救”的局限，进入“主动预防”的新阶段。

（1）实时监测与异常预警

某无人机运营企业在每台设备的电池、电机、飞控系统等关键部件安装了多参数传感器，实时采集电池循环次数、电机温度（精度 ±1℃）、振动频率（采样率 100 赫兹）等数据。当电机振动频率连续 5 秒超过“(3000 ± 50）赫兹”阈值时，系统会自动推送“轴承磨损风险”预警，并附带相应的处置方案。

（2）全生命周期档案管理

设备档案系统会记录每台飞行器的采购日期、历次维修记录（含更换部件的型号）、累计飞行时长、软件版本等信息，并根据制造商的保养规范，自动生成健康评分报告和保养计划。

例如，当某架载人旋翼机累计飞行达 450 小时（距 500 小时深度保养阈值仅剩 50 小时）时，系统会向运营团队推送提醒，并同步开放保养工单预约入口。该机制使设备“超期未保养”的比例从 25% 降至 3%。

（3）远程指导与维修效率提升

针对偏远地区维修能力不足的问题，AR 远程协助系统通过“第一视角视频＋实时标注”，可实现专家远程指导。

例如，某电力巡检团队的无人机在山区作业时云台卡滞，现场维修人员利用手机视频连接了后方专家。专家在实时画面上标注了“需拆卸的3颗螺丝位置”“润滑脂涂抹区域”，并同步播放拆解视频教程。最终现场人员在2小时内完成维修（等待专家到场至少需要24个小时），保障了巡检任务的如期推进。

8.1.2.2　人员资质与绩效管理：数据驱动能力提升

区块链与数据分析技术相结合，让人员管理从“经验判断”转向“数据佐证”。

（1）资质存证与快速核验

人员资质管理系统采用区块链技术存证执照证书、培训记录、复训考核结果。每个证书有唯一的二维码，扫描后可查看发证机构、有效期、准驾机型等信息。

例如，在某次低空安保任务前，检查人员通过扫码快速核验10名操作员的资质，发现2人的夜间飞行资质已过期3天，于是及时更换了人员，规避了风险。与传统的纸质证书核验相比，这种方式的查验效率提升了80%。

（2）绩效评估与课程推荐

绩效分析系统通过比对“操作行为数据”与“任务结果数据”，可生成个性化的能力画像。

例如，分析某驾驶员的100次飞行记录发现，其复杂地形避障响应时间（平均0.8秒）优于团队均值（1.2秒），但起飞前设备检查率仅为70%（团队均值为90%）。基于此，系统自动推荐“设备检查标准化流程”的培训课程，并安排师傅带教。3个月后，该驾驶员的设备检查率提升至92%，团队整体的操作规范性评分提高了15分。

8.1.3　应急处置场景：快速响应与能力提升

突发事件的处置效率直接关系着生命与财产安全，信息化技术驱动“数据聚合、智能决策、全程追溯”，显著提升了应急响应速度与处置准确率。

8.1.3.1　突发事件快速响应：数据促进科学决策

大数据与可视化技术的应用，让应急指挥告别“电话嘶吼、地图标注”的传统模式，进入“一屏观全域、一键调资源”的智能时代。

（1）多源数据融合与态势感知

应急指挥平台整合位置信息（无人机 / 人员实时位置，刷新频率为每 3 秒 1 次）、天气信息（降水强度、风速）、地形信息（地形坡度、道路通达性）、资源信息（救援队伍位置、设备状态）等数据，在电子地图上动态呈现事件全貌。

例如，某山区发生无人机坠机事件。平台实时显示：坠机点（海拔 850 米）3 千米范围内有 2 支救援小队（A 队携带热成像无人机，B 队配备担架）；未来 1 小时无降水，但能见度将从 5 千米降至 2 千米。指挥官据此决策：A 队先通过热成像技术确认是否有人员被困，B 队沿“坡度 <15°”的路线徒步进入。最终比原计划提前 40 分钟找到坠机点。

（2）高清通信与远程协同指挥

利用 5G 专网将救援现场的 4K 视频实时回传（时延 <200 毫米），专家在远程指挥中心可清晰观察坠机点是否有燃油泄漏、周边是否存在二次危险（如松动石块）等情况。

例如，在某次森林火灾中投送应急物资时，无人机因强风偏离目标点，地面操作员通过高清视频观察火势蔓延方向，在专家指导下调整飞行参数，最终将灭火弹精准投送至着火点 5 米范围内。

（3）智能调度与指令闭环

智能语音调度系统可“一对多”下发指令，包含任务类型、目标定位（附带导航链接）、完成时限等内容。接收方通过“语音确认 + 位置签到”反馈执行情况。

例如，某次大型活动期间，3 架“黑飞”无人机闯入禁飞区，系统同时向附近 3 支拦截小队发送指令。1 分钟内他们全部回复，并在 15 分钟内完成无人机驱离，未对活动造成任何影响。

8.1.3.2 事后复盘与预案优化：数据驱动能力提升

信息化技术能够通过复盘分析推动人员应急处置能力持续提升。

（1）全流程追溯与问题定位

系统自动记录应急处置的“时间轴数据”，包括故障发现时间（T0）、指挥中心响应时间（T1）、救援力量出发时间（T2）、抵达现场时间（T3）、处置完成时间（T4）及各节点的指令内容。

例如，对某次无人机电池起火事件复盘：从T0到T1耗时3分钟（因操作员未及时上报），从T2到T3耗时9分钟（因道路狭窄进行倒车调整）。基于此，企业优化了操作员首报责任制度和救援车辆选型标准，使类似事件的总处置时间缩短了40%。

（2）模拟推演与预案更新

利用历史数据训练的AI模拟模型，可对替代处置方案的效果进行量化评估。

例如，针对山区救援，利用模型模拟使用直升机空投救援人员而非地面徒步，结果显示：人员抵达时间可从45分钟缩短至12分钟，但受限于山区气象条件，成功实施的概率仅为60%。基于此，应急预案新增了“气象条件允许时优先直升机救援”的补充条款，并明确了气象评估标准。

信息化技术已成为低空服务保障不可或缺的部分。每一项技术的应用都源于具体的业务痛点，每一个案例都体现了“技术－流程－效益”的闭环逻辑。这种“场景化应用”的思路，是信息化技术真正创造价值的关键所在。

8.2 信息化体系：低空服务保障信息化建设

低空服务保障信息化建设，通过“数据互联、智能决策、全程追溯”的技术体系，打通人员、设备、场景的数据壁垒，实现从“被动响应”到“主动预警”、从“经验判断”到“数据驱动”的转型，为低空服务的质量与效率提供技术支撑。

8.2.1　建设要点：信息化建设的核心目标

低空服务保障信息化建设有安全可控、效率提升、高效协同三大目标，如图 8-1 所示。

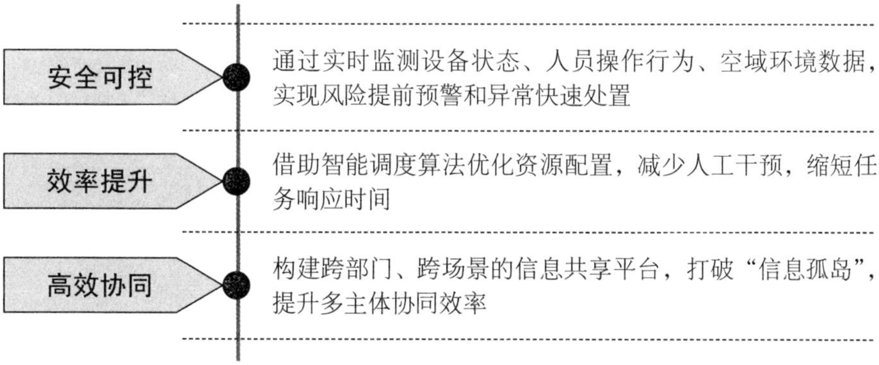

图 8-1　信息化建设的核心目标

例如，某省级低空服务平台通过信息化建设，将应急救援的平均响应时间从 45 分钟缩短至 20 分钟、设备故障预警准确率提升至 90%，充分体现了信息技术的支撑作用。

8.2.2　模块设置：关键模块与功能设计

低空服务保障信息化体系由“全域数据中枢、智能调度平台、场景化应用系统”三大模块构成，各模块协同配合，覆盖服务保障全流程。

8.2.2.1　全域数据中枢：打破数据壁垒

作为信息化建设的核心内容，全域数据中枢通过整合分散在各环节的数据资源，形成标准化、可复用的数据集。

（1）数据采集层

通过物联网设备、业务系统接口、台账记录等，采集图 8-2 所示的四类核心数据。

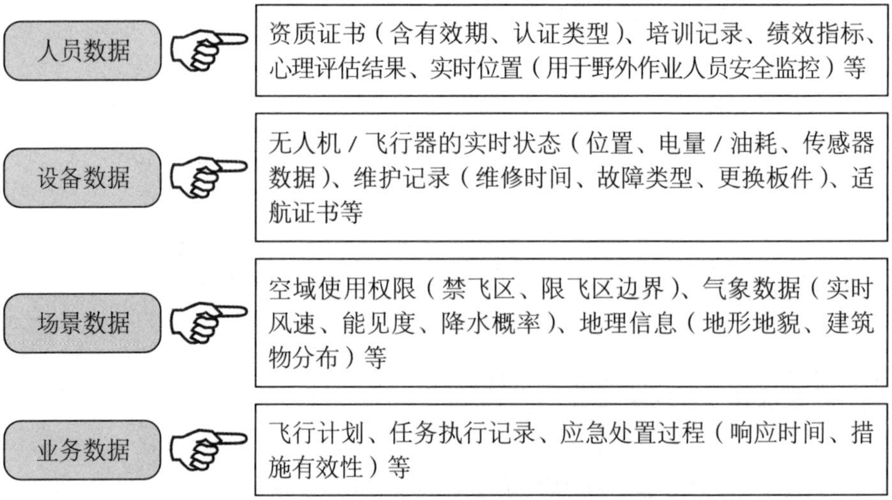

图 8-2　采集的四类核心数据

采集层通过三种方式获取数据——物联网设备（如无人机的 GPS 模块、传感器），实时上传运行数据；业务系统（如排班系统、订单系统），同步结构化数据；台账记录，补充录入非结构化信息（如突发故障描述）。

（2）数据处理层

处理层通过数据清洗（剔除异常值）、脱敏（如隐藏人员身份证号的中间 6 位）、标准化（统一数据格式，如将“续航时间”统一为“分钟”）等操作，形成干净、可用的数据集。

例如，将不同品牌无人机的电量数据统一转换为剩余续航时间（分钟）。

对人员定位数据进行加密处理，仅授权人员查看具体位置。

建立“设备故障知识库”，将故障现象与解决方案关联，形成结构化数据。

（3）数据服务层

提供标准化数据接口，支持各应用系统调用数据。

例如，向智能调度平台推送可用无人机数量、位置、状态等数据，以便于飞行决策。

向监管部门上报违规操作记录、设备达标率等数据，以满足监管需求。

向人员管理系统推送培训完成率、绩效得分等数据，辅助绩效考核。

8.2.2.2　智能调度平台：优化资源配置

基于全域数据中枢采集的实时数据，智能调度平台通过算法模型可实现“人、机、任务”的最优匹配。核心功能如表 8-1 所示。

表 8-1　智能调度平台的核心功能

序号	核心功能	具体说明
1	动态资源画像	为每类资源生成实时画像： （1）人员画像：张 × ×（拥有 AOPA 超视距执照，擅长夜间救援，当前在 × × 区域待命） （2）设备画像：无人机编号 D-001（电池续航 2 小时，搭载热成像仪，适合山区作业，当前状态空闲） （3）任务画像：紧急救援任务（× × 山区，需要搭载急救包，优先级为最高）
2	智能匹配算法	根据任务需求和资源画像，自动推荐最优方案： （1）常规任务：优先匹配“距离最近、设备状态最佳、人员绩效最高”的组合 （2）应急任务：优先考虑响应速度，例如，在某次山区救援任务中，系统自动跳过距离近但需穿越复杂地形的团队，选择了距离 3 千米但道路畅通的团队，节省 10 分钟响应时间 （3）高风险任务：额外校验“人员资质与场景匹配度”，如载人飞行任务必须匹配“累计安全飞行 1000 小时以上”的驾驶员
3	冲突协调机制	当资源不足或需求冲突时，系统自动启动协调机制： （1）任务优先级排序：如急救物资运输优先于常规快递配送 （2）跨区域调派：当本地设备不足时，向邻近区域的共享资源池发出调派请求 （3）人工介入通道：将复杂冲突（如涉及军民航空域协调）自动推送至调度员，并提供历史解决方案，辅助其决策

8.2.2.3　场景化应用系统：贴近业务需求

针对低空服务的典型场景，开发专业化的应用系统，将数据中枢和调度平台的能力转化为具体的业务价值。

（1）人员管理系统

实现人员全生命周期数字化管理，核心功能如表 8-2 所示。

表 8-2 人员管理系统的核心功能

序号	核心功能	具体说明
1	资质预警	当人员执照有效期不足 30 天时，系统自动向管理员和个人推送提醒信息
2	培训管理	根据人员能力短板（如未掌握激光雷达的操作），自动推荐合适的微课程
3	绩效可视化管理	以仪表盘形式展示个人 / 团队的 KPI 达成情况（如安全积分、任务完成率），可与激励系统联动（如达标后自动发放奖金）

（2）智能调度系统

核心功能如表 8-3 所示。

表 8-3 智能调度系统的核心功能

序号	核心功能	具体说明
1	资源画像	为人员、设备、场地生成动态标签，如李 ××（资质：超视距驾驶员，状态：空闲，位置：A 区）、无人机 B-002（类型：六旋翼，载重：5 千克，续航：30 分钟）
2	任务拆解	将复杂任务分解为可执行单元，如将山区救援任务拆解为无人机侦察、人员定位、物资投放、医疗转运
3	动态匹配	基于算法推荐最优组合，例如，为 3 千克急救物资运输任务，匹配距离最近、载重 5 千克的无人机 B-002 及操作员李 ××，并同步生成飞行路线和时间节点

（3）设备管理系统

以预防故障、延长使用寿命为目标，核心功能如表 8-4 所示。

表 8-4 设备管理系统的核心功能

序号	核心功能	具体说明
1	实时监控	利用仪表盘展示设备运行状态，如电池温度 45℃（正常）、电机转速 3000 转 / 分（正常）、GPS 信号强度 90%（良好）
2	风险预测	基于历史数据，预测故障风险，例如，结合 1000 次飞行记录，判定该型号无人机在海拔超过 1000 米时出现信号波动的概率为 20%，建议加装信号增强器
3	闭环管理	生成维护工单并跟踪进度，形成提出需求 - 派单 - 维修 - 验收的闭环全程数字化，确保每台设备的维护记录可追溯

（4）应急指挥系统

应急指挥系统为突发事件提供“可视化、协同化”的支持，核心功能如表 8-5 所示。

表 8-5　应急指挥系统的核心功能

序号	核心功能	具体说明
1	态势感知	整合人员位置、设备轨迹、气象数据、地形信息等数据，在电子地图上动态展示事件全貌，如坠机点周边 500 米处有 3 户民居、最近的医院距离 8 千米
2	一键调度	可向相关人员发送含任务详情、导航链接的指令，接收方通过手机 APP 确认后，系统自动更新任务状态
3	复盘分析	事件结束后，自动生成包含响应时间、处置措施、结果评估的报告，为预案优化提供数据支持

8.2.3　阶段推进：实施路径与落地方法

低空服务保障信息化建设需循序渐进，可按“试点 - 优化 - 推广”三个阶段推进。

8.2.3.1　试点阶段（3 ~ 6 个月）

选择 1 ~ 2 个典型场景（如无人机物流配送、景区低空旅游）作为试点，优先建设核心模块。

（1）部署基础数据采集设备（如无人机 GPS 定位装置、电流传感器）。

（2）开发简易版数据中枢，整合人员资质和设备状态数据。

（3）验证采集数据的准确性和应用价值，例如通过设备状态数据预警 3 起电池故障，证明信息化的可行性。

8.2.3.2　优化阶段（6 ~ 12 个月）

基于试点经验完善系统功能。

（1）扩大数据采集范围，接入气象、空域等场景数据。

（2）优化智能调度算法，提升资源匹配的精准度。

（3）开发场景化应用系统（如人员绩效管理模块），并与现有业务流程融合。

8.2.3.3 推广阶段（12 ~ 24 个月）

在全业务场景推广成熟的信息化建设方案。

（1）实现与空管、公安、气象等外部系统的数据对接。

（2）开展用户培训，制定系统使用规范和数据安全管理制度。

（3）持续收集用户反馈，每季度优化功能（如简化操作流程、增加移动端适配）。

例如，某无人机物流企业因调度混乱、故障频发，使日均配送延误率达15%，设备维修成本占20%，因此进行了信息化建设。

数据中枢整合了1000多架无人机的实时状态、500多名操作员的资质数据、300多个配送点的地理信息。

智能调度系统根据"订单时效 + 无人机位置 + 电池续航"自动分配任务，使配送延误率降至5%。

设备管理系统通过分析电池充放电数据，提前预警20起潜在短路故障，减少直接损失50万元。

人员管理系统自动关联培训记录与绩效考核，发现"完成夜间配送培训的操作员，准时率比未培训者高20%"，因此推动全员培训，进一步提升了配送效率。

1年后，该企业的运营成本下降了18%，客户满意度提升至95%。

低空服务保障信息化系统是一个多层级、多模块协同的有机整体，通过"数据层 - 平台层 - 应用层"的架构设计，可实现数据贯通、能力复用与场景适配，为各类低空服务保障提供技术支撑。

8.3 数据安全保障：数据安全与隐私保护措施

在低空服务保障信息化建设中，数据贯穿于人员管理、设备运行、空域调度等各个环节，其中包含大量敏感信息，如飞行人员的身份证号、生物特征数据，飞行器的核心参数，以及机场净空区、军事管理区等空域信息。这些数据一旦被泄露、篡改或滥用，可能引发严重的后果，甚至会触犯《中华人民共和国数据安全法》《中华人民共和国个人信息保护法》等法律法规。因此，构建“技术防护 + 管理规范 + 法规遵循”三位一体的保护体系，是低空经济安全、有序发展的关键。

8.3.1　数据安全：技术防护手段

技术防护是数据安全的第一道防线，通过对数据的“传输 - 存储 - 使用”全链路进行加密与管控，可以从源头阻断安全风险。

8.3.1.1　全链路数据加密

加密技术是保障数据安全的核心手段，应覆盖数据生命周期的每个环节。

（1）传输加密：防止中途被截获

在低空服务场景中，无人机与地面控制中心、各系统之间的通信数据（如实时位置、飞行指令）极易成为攻击目标。可采用“SSL/TLS 协议 + 国家商用密码算法”的双重加密机制，如图 8-3 所示。

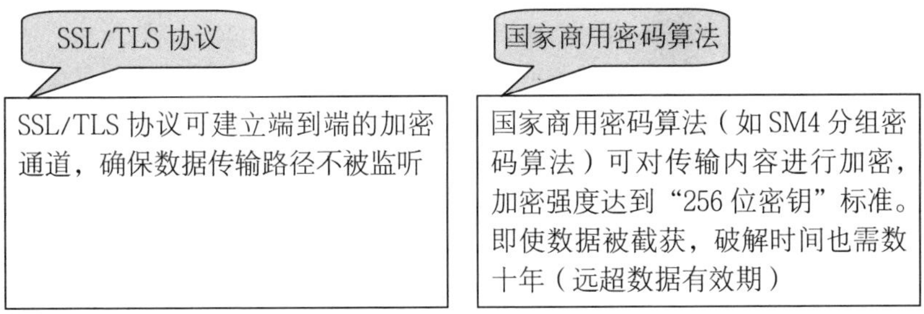

图 8-3　双重加密机制

例如，在某无人机物流企业的配送系统中，每架无人机的实时定位数据在传输前均经过 SM4 算法加密，地面中心接收后需用专属密钥才能解析，有效防范了伪基站劫持定位信号的风险。

（2）存储加密：防止数据库被入侵

数据库是数据集中存储的“仓库”，一旦被攻破，后果不堪设想。可采用“透明加密 + 密钥分离管理”的模式，如图 8-4 所示。

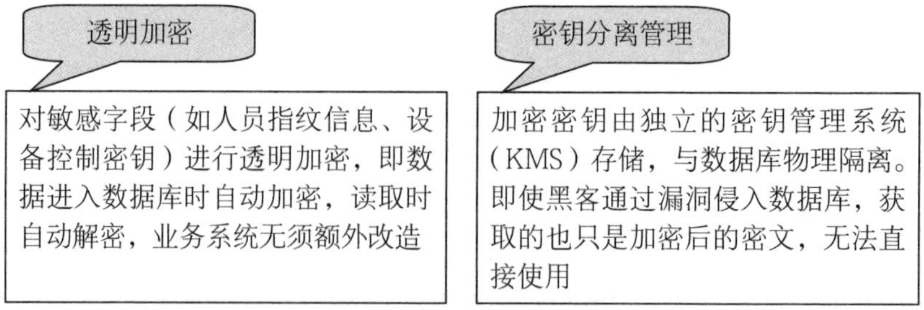

图 8-4 “透明加密 + 密钥分离管理”模式

例如，某省级低空服务平台通过“透明加密 + 密钥分离管理”模式，在 2023 年的一次数据库入侵事件中，成功保护了 5000 余名飞行人员的生物特征数据未被泄露。

（3）使用加密：防止越权操作

数据使用环节的安全，可采取“身份认证 + 操作授权”双重控制，如图 8-5 所示。

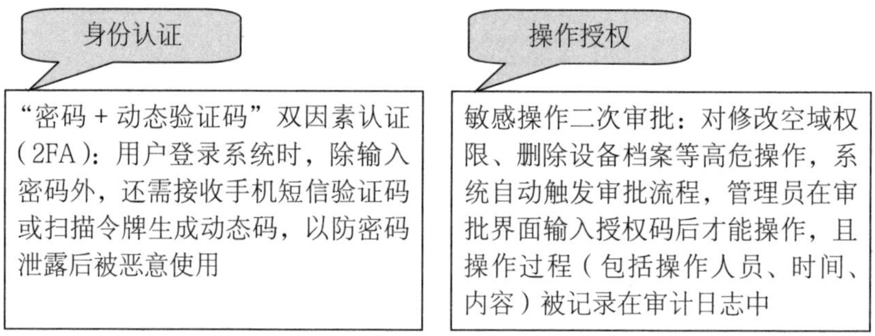

图 8-5 “身份认证 + 操作授权”双重控制

例如，某低空旅游公司规定，调整飞行器最大飞行高度需经安全主管和技术总监双人审批，基于此，2024 年成功阻止了 3 次操作员误操作导致的参数篡改。

8.3.1.2 访问权限严格管控

权限管控的核心是“只给必要的权限”，通过“角色 + 场景 + 动态审计”的组合策略，避免权限过度分配或滥用。

（1）角色化权限：按职责分配最小权限

基于“岗位 - 职责 - 权限”的映射关系，将用户分为四类核心角色，权限边界如表 8-6 所示。

表 8-6　四类核心角色的权限边界

序号	角色	权限边界
1	操作员	仅能查看和操作自己负责设备的数据（如某无人机的实时状态），无修改系统参数或查看其他设备数据的权限
2	管理员	可配置操作员权限、审核飞行计划，但无法直接控制飞行器或删除历史数据
3	审计员	仅有查看操作日志的权限，无任何修改数据或控制设备的权限，可监督其他角色的操作合规性
4	应急专员	平时的权限与操作员一致，应急状态下可临时获取额外权限（如查看事故点周边的人员分布）

例如，某通用机场通过角色化权限设置，使能同时进行设备控制与数据管理的人员占比从 30% 降至 5%，大幅降低了内部风险。

（2）场景化权限：按需动态调整

权限并非一成不变，需根据任务场景动态调整，以免权限闲置时被滥用，如图 8-6 所示。

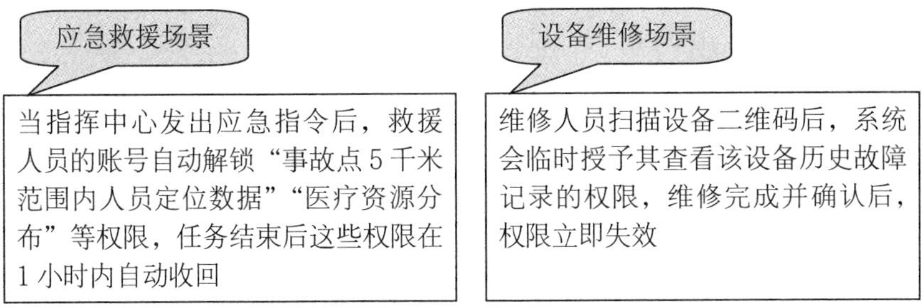

图 8-6　场景化权限动态调整

例如，2024 年在某山区无人机救援任务中，系统动态调整场景化权限，使救援人员在 30 分钟内获取了被困人员周边的地形数据，任务结束后权限自动失效。这样既保障了救援效率，又避免了数据长期暴露。

（3）权限审计：自动识别权限风险

系统每周生成权限健康报告，通过算法识别三类风险，如表 8-7 所示。

表 8-7　权限风险

序号	类别	风险说明
1	权限冗余	例如，某操作员同时拥有“无人机操控”和“数据导出”权限，而其岗位仅需要“无人机操控”权限
2	权限冲突	例如，某用户既是“数据录入员”又是“数据审核员”，违背了不相容岗位分离的原则
3	权限闲置	例如，某管理员 6 个月未使用“设备报废审批”权限，建议收回

例如，某企业通过权限审计，累计优化权限配置 127 项，发现并整改了 2 起“员工离职后未及时收回权限”的安全隐患。

8.3.2　隐私保护：核心应对措施

隐私保护注重个人信息的合规使用，通过“脱敏处理 + 合规管理”，在数据利用与个人隐私之间找到平衡。

8.3.2.1　个人信息脱敏处理

个人信息（如飞行人员身份证号、游客手机号）的脱敏，需根据使用场景采取不同策略，以确保可用不可见。

（1）静态脱敏：存储时永久变形

对长期存储的个人信息，通过“替换、截断、掩码”等方式进行不可逆处理，如图 8-7 所示。

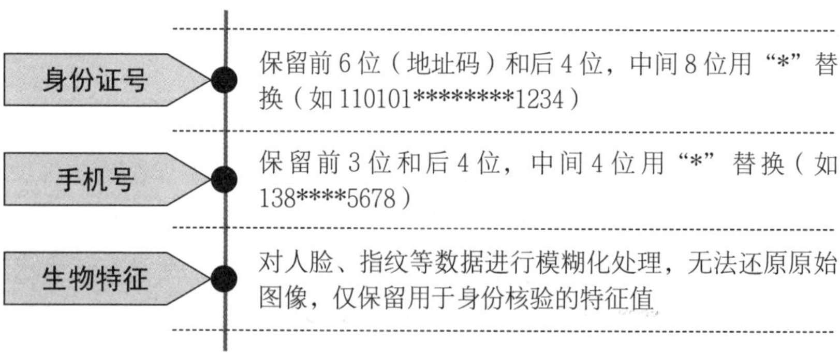

图 8-7　个人信息静态脱敏

例如，在某无人机培训学校的学员管理系统中，所有学员的个人信息均采用静态脱敏存储。即使数据库备份被盗，也不会泄露完整的个人信息。

（2）动态脱敏：展示时按需隐藏

同一数据在不同场景、不同用户前的展示形式不同，实现“权限决定可见度”。

管理员查看游客信息时，可显示完整手机号，以便于紧急联系。

客服人员仅能查看手机号后 4 位（如“*******5678”），且无法复制或导出。

数据分析人员看到的是“去标识化 ID+ 消费偏好”，无法关联具体人员。

例如，某低空旅游平台对数据进行动态脱敏，既满足了客服核对用户身份的需求，又防止了游客手机号被批量泄露。

（3）去标识化：分析时清除个人信息

将数据用于统计分析、模型训练等场景时，需彻底剥离个人标识符，使相关人员无法关联到具体个人。

用“用户 ID（如 U12345）”替代真实姓名。

地理位置数据精确到“区域”（如“北京市朝阳区”），而非具体街道。

删除“生日、性别”等可交叉识别的敏感字段。

例如，某企业用去标识化后的 10 万条飞行数据，验证无人机电池寿命预测模型，既保护了用户隐私，又实现了技术突破。

8.3.2.2　合规性管理与审计

隐私保护要依法行事，企业应建立与法律法规关联的管理机制，确保每一项数据处理都合法合规。

（1）数据分类分级：实行差异化保护

根据《中华人民共和国个人信息保护法》《中华人民共和国数据安全法》的要求，将数据划分为三级，如表 8-8 所示。

表 8-8　数据分类分级

序号	分类	数据说明及管理要求
1	一般数据	如设备型号、飞行任务类型，泄露后风险较低，可采取基础保护措施（如定期备份）

续表

序号	分类	数据说明及管理要求
2	敏感数据	如个人位置、健康信息、飞行执照编号，泄露后可能危害人身安全，需“加密存储 + 访问审计”
3	核心数据	如机场净空区坐标、军事管理区空域边界，因为关系着国家安全，需最高级保护（如物理隔离存储 + 专人值守）

（2）全流程审计：数据足迹可追溯

建立数据操作全链路日志，记录每一次数据的产生、传输、使用、删除等行为，包括：

① 操作人：账号或生物特征是唯一标识。

② 操作时间：精确到毫秒的时间戳。

③ 操作内容：如修改了用户手机号、导出了 100 条飞行记录。

④ 操作结果：成功 / 失败及原因。

审计日志至少保存 6 个月（核心数据日志需保存 3 年），且不可篡改，供监管部门检查或事故追溯。

（3）隐私影响评估（PIA）：事前识别风险

在系统上线前、新增功能（如采集人脸数据）前、发生重大变更后，必须开展 PIA。

① 识别数据处理行为的风险点（如实时定位数据可能用于跟踪用户行踪）。

② 评估风险发生的可能性及影响程度（如“高可能性 + 严重影响”）。

③ 制定应对措施（如定位数据仅保留 24 小时、用户可随时关闭定位权限）。

例如，某无人机配送企业上线“人脸识别签收”功能前，通过 PIA 发现了“人脸数据存储周期过长”的风险，于是调整为“验证后立即删除，仅保留验证结果”。

8.3.3 应急备份：应急响应与容灾备份机制

即使防护措施再完善，也无法完全避免安全事件（如黑客攻击、自然灾害）的发生。建立快速响应与容灾备份机制，是降低损失的最后防线。

8.3.3.1　安全事件应急处置

安全事件的处置需遵循“快速遏制、彻底根除、全面恢复”原则，将影响控制在最小范围内。

（1）监测风险：及时发现异常

监测风险可借助“入侵检测系统（IDS）+ 数据泄露防护系统（DLP）”，如图 8-8 所示。

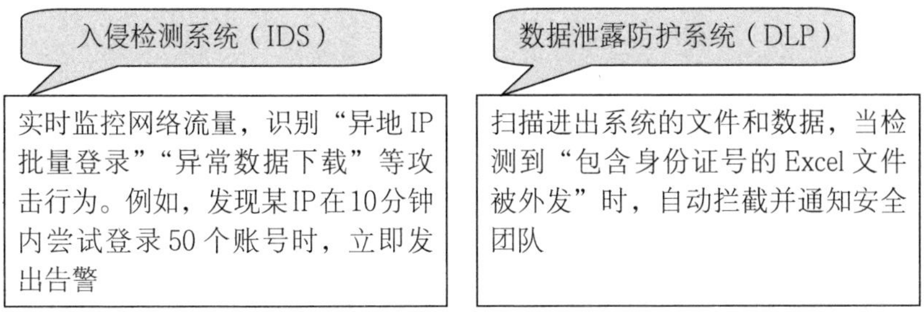

图 8-8　监测风险的系统

某企业的 DLP 在 2023 年成功拦截了 17 次敏感数据外传，其中包括 3 次员工误操作导致的文件共享。

（2）应急处置：三步控制风险

应遵循“Containment（遏制）-Eradication（根除）-Recovery（恢复）”原则，如图 8-9 所示。

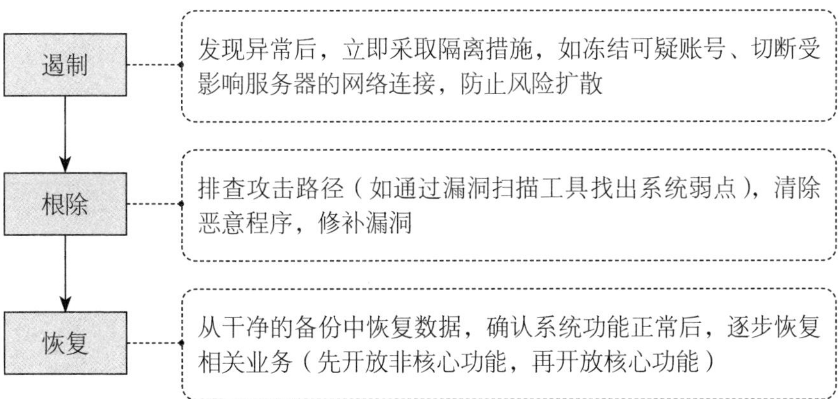

图 8-9　三步控制风险

例如，2024年某无人机物流平台遭遇勒索病毒攻击，通过三步控制风险法，在4小时内完成了系统恢复，仅影响了2个小时的配送业务。

（3）事后整改：完善防护体系

事件处置后，需开展“根因分析”，从技术、管理、人员等层面进行优化，如图8-10所示。

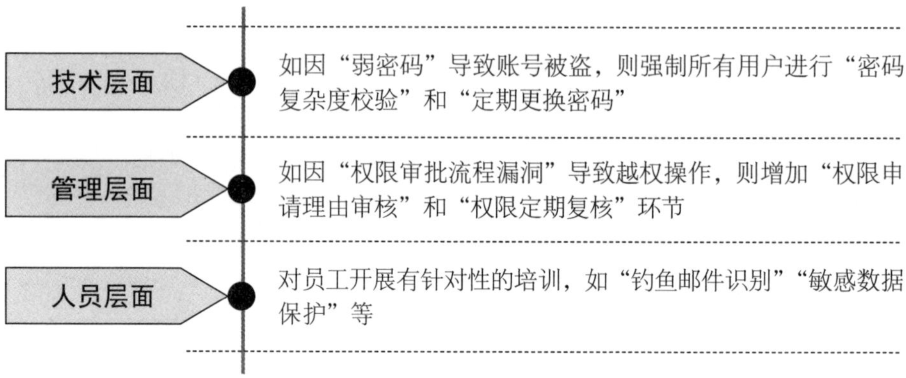

图8-10　事后优化措施

8.3.3.2　数据容灾备份

容灾备份的目标是数据不丢失、业务不停摆，可采取“多副本+异地存储+定期演练”的措施。

（1）多副本备份

对核心数据应采用图8-11所示的“3-2-1备份策略”。

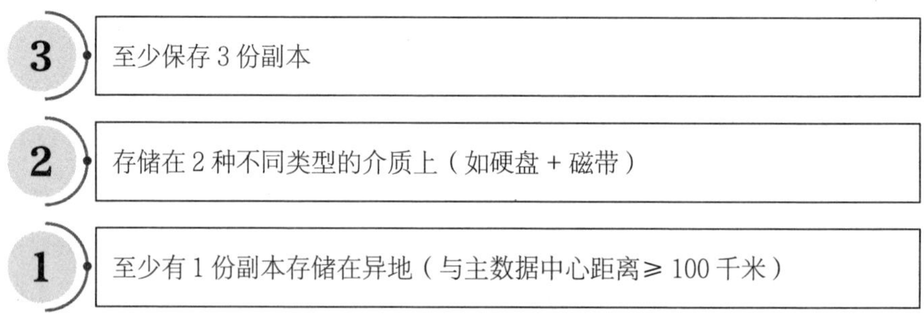

图8-11　3-2-1备份策略

例如，某全国性低空服务平台在北京、上海、广州三地各设一个数据中心，实现数据实时同步。2023 年北京数据中心因暴雨断电时，上海数据中心立即接管业务，确保数据零丢失。

（2）定时备份与恢复演练

备份频率：核心业务数据（如飞行计划、设备状态）每小时增量备份，每日凌晨全量备份；非核心数据（如历史订单）每日全量备份。

恢复演练：每月开展一次“盲恢复”测试（不提前告知备份细节），验证数据恢复的完整性和耗时，确保恢复时间目标（RTO）≤ 1 小时，恢复点目标（RPO）≤ 30 分钟。

例如，某企业通过恢复演练发现，从异地副本恢复数据耗时 2 个多小时，远超 1 小时的目标。于是升级了传输带宽，将数据恢复时间缩短至 45 分钟。

（3）数据分级恢复

数据恢复按“重要性”排序，确保核心业务先恢复。

第一优先级：救援人员定位、应急指挥通信数据，需在 30 分钟内恢复。

第二优先级：飞行器实时状态、空域权限数据，需在 1 小时内恢复。

第三优先级：历史订单、用户评价等非实时数据，可在 24 小时内恢复。

例如，某省低空服务保障平台在数据安全与隐私保护方面的举措：

采用“传输加密 + 存储加密 + 权限管控”技术，确保无人机操作员的位置数据仅在调用时可见，且在传输过程中无法被破解。

对游客信息进行脱敏处理，预约记录中仅显示“游客 A（尾号 1234）”，且数据保存期限为服务结束后 30 天，到期自动删除。

2024 年平台遭遇一次黑客入侵，入侵检测系统及时发现异常登录行为，立即冻结账户并触发应急响应，仅用 40 分钟就完成了风险排查和系统加固，未造成数据泄露。

数据安全与隐私保护是低空服务保障信息化建设的“生命线”。随着低空经济的发展，数据规模将持续增长，攻击手段也会不断升级，保护措施需与时俱进。例如，引入量子加密技术，应对算力提升带来的破解风险；利用联邦学习法，在数据“可用不可见”的前提下实现协同分析。只有将“安全与隐私”融入信息化建设的每个环节，才能让技术创新真正服务于低空经济的发展。

章后思考

1. 在日常运营场景中，信息化技术通过哪些方式实现全流程优化？请举例说明。

2. 基于技术构建的精准化管理体系，对设备与人员管理能带来哪些显著影响？

3. 在应急处置场景下，信息化技术如何实现快速响应与能力提升？

4. 低空服务保障信息化建设的核心目标之间存在怎样的关联？

5. 智能调度平台在优化资源配置时，需考虑哪些关键因素？

6. 场景化应用系统如何做到真正贴近低空服务保障的业务需求？

7. 信息化建设的实施路径与落地方法应如何匹配不同规模的低空服务保障企业？

8. 哪些技术手段能有效防范低空服务保障中的数据泄露风险？

9. 隐私保护核心措施在平衡数据利用与个人隐私方面起到怎样的作用？

10. 应急响应与容灾备份机制如何确保低空服务保障信息化系统在突发情况下稳定运行？

参考文献

[1] 国务院，中央军委．无人驾驶航空器飞行管理暂行条例（国令第761号）[Z]. 2024-01-01.

[2] 中华人民共和国交通运输部．民用无人驾驶航空器运行安全管理规则（2024年第1号）[Z]. 2024-01-01.

[3] 工业和信息化部．民用无人驾驶航空器生产管理若干规定 [Z]. 2024-01-01.

[4] 低空产业联盟编委会（刘法旺，程文渊，刘薇薇等）．新能源新构型低空装备安全技术体系报告（2024版）[R]. 2024-11-17.

[5] 王雪影，高国柱，古利兰，苏丹等．促进我国低空经济发展的法规体系研究 [J]. 信息通信技术与政策，2024，50（11）：1-8.

[6] 冯登超．低空安全走廊理论与应用 [M]. 北京：化学工业出版社，2021-09.

[7] 冯登超．低空安全与无人机系统导论 [M]. 天津：天津大学出版社，2019-09.

[8] 李学龙．低空无人机集群反制技术 [M]. 北京：人民邮电出版社，2024-12.

[9] 孙永生，戴锐．低空安全公安执法 [M]. 北京：中国人民公安大学出版社，2024-10.

[10] 陈元昭，刘东华等．气象与低空经济：探索与融合 [M]. 北京：气象出版社，2025-03.

[11] 黄加翼．低空经济：如何改变生活、社会和产业 [M]. 北京：中国科学技术出版社，2025-05.

[12] 朱克力．低空经济：新质革命与场景变革 [M]. 北京：新华出版社，2024-07.

[13] 黄正中．低空经济及其应用场景 [M]. 长沙：湖南人民出版社，2024-09.

[14] 沈映春，赵雨涵．低空经济：中国经济发展新引擎 [M]. 北京：中信出版集团，2024-12.

[15] 兰旭东，陈向．低空经济：新质生产力的一种新经济结构 [M]. 北京：电子工业出版社，2025-03.

[16] 严月浩，朱新宇，郝瑞．低空经济：全要素解码 [M]. 西安：西北工业大学出版社，2025-03.

[17] 赛迪顾问．中国低空经济发展研究报告（2024）[R]. 北京：工信部赛迪研究院，2024-04.

[18] 王姣娥等．中国低空经济发展指数报告（2025）[R]. 北京：中国科学院地理科学与资源研究所，2025-04.

[19] 罗军等．低空经济发展趋势报告 [R]. 中国低空经济联盟，2025-04.

[20] 郭倩，毛思倩．从“飞起来”到“飞得好”：低空经济需跃过几道关 [N]. 经济参考报·产业瞭望，2025-05-13.

[21] 杜娟．低空经济发展趋势报告发布：六大趋势揭示低空经济发展规律 [EB/OL]. 中国日报网，2025-04-27.